Isha & Mark Lerner

Tarot für das innere Kind

Isha & Mark Lerner

Tarot für das innere Kind

Eine Reise in die Welt der Märchen

Illustrationen von Christopher Guilfoil

Aus dem Amerikanischen von Mara Ordemann

//////////////// SILBERSCHNUR ////////////////

© Amerikanische Originalausgabe: Bear Company, Santa Fe, New Mexico
Originaltitel: Inner Child Cards
© der Illustrationen 1992: Isha Lerner & Mark Lerner

© der deutschen Ausgabe Verlag »Die Silberschnur« GmbH

ISBN 978-3-89845-364-6

1. Auflage 1997
2. Auflage 2006
3. Auflage 2012 (überarbeitet)

Übersetzung aus dem Amerikanischen: Mara Ordemann
Gestaltung & Satz: XPresentation, Güllesheim
Printed in China

Verlag »Die Silberschur« GmbH · Steinstraße 1 · D-56593 Güllesheim
www.silberschnur.de · E-Mail: info@silberschnur.de

Gesegnet seien die Kinder,
denn sie werden das Erbe der Erde antreten.

Für Gabrielle, Katya und die Kinder der Erde.

Inhalt

Teil 3: Die Kleinen Arkana

Einleitende Worte

Die universellen Archetypen des Tarots – DER NARR, DER MA-GIER, DIE PRIESTERIN, DER KÖNIG – sind den Mythologien auf der ganzen Welt gemeinsam. Dennoch ist jedes Tarotdeck wie jedes ursprüngliche Kulturgut dafür bestimmt und so angelegt, dass es die Ästhetik und Neigung desjenigen wiedergibt, der es nutzt, es "arbeitet" für ihn – und das zum Teil durch dessen persönliche Beziehung zu der Kunst und der Philosophie, die das Deck zum Ausdruck bringt. Diese Verbindung zwischen Kunst und Philosophie ist es, die das Tarot von den meisten esoterischen und sogenannten "okkulten" Systemen abhebt. Wie die Kunst und auch die Philosophie ist das Tarot eine Spiegelung einer Epoche, eine Ära in der menschlichen Geschichte.

Wir sind weniger menschliche Wesen, die spirituelle Erfahrungen machen, als spirituelle Wesen, die menschliche Erfahrungen machen, und das Tarot ist eine Möglichkeit, die spirituelle Reise der Seele auf der Erde zum Ausdruck zu bringen. Die "esoterische" Aufgabe des Tarots ist jedoch nicht seine Verwendung als System, mit dem man die Zukunft voraussagen kann, sondern das Tarot verfügt über die ungeheure Fähigkeit, unser Leben abzubilden, wie es jetzt ist. Auf diese Weise ist das Tarot eine Halle mit Spiegeln für alle Zeiten unseres Lebens. Es spiegelt die Entstehung einer menschlichen Kultur und die vielfachen Phasen ihrer Transformation und ihres Wachstums wider. Ob nun die Mikrokultur von jemandem, der sein "persönliches Tarot" wählt, oder die Makrokultur des traditionellen ägyptischen

Pantheons – jede Tarotkarte ist Ausdruck einer Station in der persönlichen und gemeinschaftlichen Geschichte.

Diese Stationen kristallisieren sich in Bildern, die durch ihre Nähe zu unserer eigenen Geschichte große Kraft und Einsicht vermitteln. Die Beachtung von Details ist ein anderer Grund, warum das Tarot funktioniert – ohne dass der Anwender an irgendein Dogma glauben muss. Ich erinnere mich noch, wie erstaunt ich war, als mir jemand, der sich beruflich mit diesem Thema beschäftigte, sagte: "Ich glaube nicht daran, aber es funktioniert!" Als wirkungsvolles Orakel, das das Tarot sein kann, reflektiert es unsere inneren Prozesse; eine Tarotlegung offeriert nicht das Wissen oder die Wahrheit schlechthin, sondern die eigene Wahrheit.

Das Tarot wirkt durch die Macht der Phantasie auf unsere Seele; je phantasievoller das Tarot, desto mehr gelingt es ihm, die der Seele eigene Sprache zu sprechen. In einer Zeit, in der die Menschen Gefahr laufen, ihre Phantasie (und ihre Seelen) ans Fernsehen und die Werbung der Massenmedien zu verlieren, finden wir im *Tarot für das innere Kind* von Mark und Isha Lerner eine seelenvolle Rückkehr zu den euro-amerikanischen Wurzeln des Märchens. Vor dem "Zeitalter der Vernunft" – vor Descartes, vor Newton – erfolgten das Lernen und die Erfahrung höherer Wahrheiten durch Geschichten und Märchen. Im Zeitalter des neuen, wissenschaftlichen Denkens verloren Märchen für "ernsthafte" Erwachsene jedoch schnell an Wert und wurden als "kindlich" abgetan. Glücklicherweise gibt es für uns phantasievollere Erwachsene das *Tarot für das innere Kind*, das uns Geschichten erzählt, an die wir uns alle noch erinnern ... gerade noch rechtzeitig. Diese Neuigkeit mag für einige der traditionelleren Tarotliebhaber, die sich mit den babylonischen/sumerischen/ägyptischen Interpretationen der vergangenen Zeiten identifiziert haben, nicht leicht sein. Viele werden überrascht, ja verärgert sein über die Kühnheit dieses Tarots. Denn zum einen tragen diese Karten dem phantasiereichen Geist des Kindes Rechnung, zum anderen nehmen sie die traditionellen Metaphern auseinander und fügen sie neu zusammen. Wie die allgemeine semantische Theorie uns wissen lässt, kontrolliert derjenige, der die traditionellen Metaphern kontrolliert, nicht nur die Seele, sondern auch den Geist. Mark und Isha Lerner ist es gelungen, nicht weniger als ein symbolisches Wunder zu vollbringen, indem sie ein archaisches mystisches System den euro-amerikanischen kulturellen Wurzeln angepasst haben.

Das Verblüffendste im Hinblick auf das *Tarot für das innere Kind* ist aber, wie gut es funktioniert, wie es harmonische Akkorde emotionaler Erinnerung und des Seelenlebens, das in lang vergessenen Geschichten aus der Kindheit wiederentdeckt wird, anklingen lässt – jeder Ton erzählt eine andere Geschichte. Christopher Guilfoils wunderschöne Illustrationen haben ihren eigenen Zauber, als wären sie von den Feen selbst gemalt. Die Geschichten – "Rotkäppchen", "Aladin und die Wunderlampe", "Die Feenkönigin" – erzählen uns davon. Und schließlich verraten die Autoren ihren Sinn für Humor dadurch, wie sie den Teufel portraitieren, indem sie niemand anderen als den "großen bösen Wolf" selbst nehmen. Das allein mag schon ausreichen, unsere "Dämonen" zu entmystifizieren ...

Das *Tarot für das innere Kind* ist von zwei Berufsastrologen mit einem fundierten Wissen über die Symbolik des Tarots geschaffen worden. Mark und Isha Lerner haben diese Karten zudem zeitgleich zu einem monumentalen astrologischen Ereignis herausgegeben, allen Astrologen als die Uranus-Neptun-Konjunktion zum Steinbock (1991–1995) bekannt. Es würde ein ganzes Buch in Anspruch nehmen, die Bedeutung dieser Konjunktion zu untersuchen. Daher möchte ich hier nur kurz sagen, dass es nur eine einzige Zeit in diesem Jahrhundert gegeben hat, die aus astrologischer Sicht so bedeutend war, nämlich die totale Kulturrevolution in den späten sechziger Jahren, als Uranus und Pluto in Konjunktion zur Jungfrau standen; die immensen kulturellen Veränderungen in der Welt von heute lassen an eine ähnliche Entwicklung denken. Diese Karten kommen auch in einer Zeit auf den Markt, in der sich zweitausend Jahre Menschheitsgeschichte anschicken, in das Wassermannzeitalter einzutreten. Jeder Astrologe weiß, wie sehr jedes Zeichen mit seiner Opposition interagiert. Im Wassermannzeitalter ist es der Löwe, das astrologische Symbol für (neben vielen anderen Dingen) den Archetypus des inneren Kindes. Die Autoren wissen demnach, was sie tun.

Außer der Reise in die traditionellen Mythen der Märchen haben sie es gewagt, über die Gegenwart hinaus in die Zukunft zu gehen, indem sie einen neuen Mythos schufen, symbolisiert durch das Bild der letzten Karte in ihrem Deck. Traditionell DIE WELT genannt, bündelt ihre Karte (DAS KOSMISCHE KIND) die gesamte Reise der Großen Arkana in einer einzigen Karte, indem sie das Ende mit dem Anfang verbindet ...

Auch die Kleinen Arkana sind in meisterlich kreativer Weise neu zusammengestellt worden, indem die vier traditionellen Farben des Kartenspiels – Stäbe, Schwerter, Kelche und Münzen – in Magische Stäbe, Schwerter der Wahrheit, Geflügelte Herzen und Erdkristalle umbenannt wurden. Die irdische "Schwere" und übertriebene Nüchternheit der "Weisheit der Erwachsenen" ist – Gott sei Dank – transzendiert worden, um die Ernsthaftigkeit des kindlichen Spiels zu enthüllen. Wie Lehrer heutzutage wissen, beschleunigt der Geist des Spiels nicht nur den Lernprozess, sondern lehrt uns auch zu erkennen, wie wichtig es ist, beim Lernen neue Wege zu beschreiten, um noch mehr zu lernen.

Die sechzehn Hofkarten der Kleinen Arkana erweitern die ursprüngliche Absicht des traditionellen Tarots, indem sie seinem erzieherischen Modell neues Leben einhauchen. Durch die moderne

Geschichte des "Zauberers von Oz" macht die wandernde Seele die Erfahrung des "drei-zentrierten" Menschen mit einem Kopf, einem Herz und einem Bauch. Die bekannten Geschichten wie "Der kleine Prinz", "Pinocchio", "Goldlöckchen" und "Huckleberry Finn" bringen die formenden und kindlichen Stadien des Lernens in jedem der vier Bereiche zum Ausdruck. Drei der vier Erzengel – Raphael, Michael und Gabriel(le) – stehen in Verbindung mit der Karte GAIA, der HÜTERIN DER KRISTALLE, die der kindlichen Seele auf ihren gefährlichen Fahrten unsichtbaren Schutz gibt. Andere Karten spiegeln mögliche Rollenmodelle und Bestrebungen wider, die lernende Seele auf ihrer Reise zu begleiten – nicht zu vergessen, es ist die Seele als menschlicher Lehrling.

Seit seinen Ursprüngen – die Anfänge liegen im Dunkeln – sind die Bilder des Tarots im Tableauformat dargestellt worden: großartige Momente, wie eingefroren und in der Zeit schwebend. Indem eine andere archetypische Geschichte jedem einzelnen Bild zugeordnet wird, machen die Karten des *Tarots für das innere Kind* einen Quantensprung von der Stille des Lebens zur dreidimensionalen Lebendigkeit, da jede Karte mit ihrem eigenen Beginn, ihrer Mitte und ihrem Ende zum Leben erwacht. Das allein ist den Eintrittspreis wert für eine Vorstellung der Autoren im multidimensionalen Theater der Seele.

Antero Alli
Seattle, Washington im Januar 1992

Antero Alli ist der Autor von *Astrologik* und *Angel Tech* sowie der Leiter des *Paratheatrical Research of Seattle*.

Vorwort

Eine Zauberin. Drachen und Schlösser. Eine Feenprinzessin. Die böse Hexe. Der große böse Wolf – eine Kindheit ohne Fabeln oder ihre vielschichtigen Charaktere ist unvorstellbar. Es sind Charaktere, die als unsere Helden, Heldinnen, Alpträume und Träume Eingang in unser Leben finden, und mithilfe dieser Gestalten entdecken wir die Schätze in unserer Seele.

In der Geschichte von Schneewittchen liegt die Lektion von Tod und Wiedergeburt und damit die Geschichte einer wundersamen Transformation verborgen, die wir beim Übergang von der Kindheit ins Erwachsenendasein erleben. Grimms Märchen Rotkäppchen ist die Einführung in das Stadium des Lebens, das sich "Individuation" nennt. Die Fabel rankt sich um den persönlichen Konflikt, dem wir uns gegenübersehen, wenn wir auf die Dualität Abenteuer/Pflichtbewusstsein stoßen. Es geht um Neugier, Unschuld und die letzte Herausforderung, nämlich unserem eigenen Schatten gegenüberzutreten (oder dem kollektiven Schatten, der durch den großen bösen Wolf repräsentiert wird). Mutter Gans hingegen ist die historische Schöpferin des Lebens und ein Mythos, denn sie hat symbolisch das goldene Ei – die Sonne oder den Mond – gelegt und in einigen Volkssagen sogar das gesamte Universum.

In der Kindheit leben wir teilweise völlig versunken in Phantasiewelten. Wir haben mit Elfen und Gnomen, Zwergen und Kriegern, Engeln und Tieren zu tun. Wir lernen, dass der Glaube die Seele zum Strahlen bringt und dass Reinheit unsere größte

Freude ist. Märchen, erzählt und wiedererzählt, bereichern unsere Herzen, aus denen Hoffnung und Ideale entstehen, und keine andere literarische Schöpfung hat solch eine fundamentale Wirkung auf uns wie das Märchen. Es heißt, die Märchen wären von Mund zu Mund als Weg der Erleuchtung des einfachen Volkes überliefert worden. In gewisser Weise wird damit der Märchenerzähler, der Vater oder die Mutter, der Lehrer oder jeder, der eine Geschichte zum Besten gibt, zum Mystiker.

Kindergeschichten sind eine Möglichkeit, die Muse zu entdecken und zu ehren. Was bedeutet es, "amüsiert" oder "verzaubert" zu sein? Warum weben wir im Märchen unseren Weg durch schreckliche Dramen voller Verwünschungen und finden uns dann, mit einem Augenzwinkern, verwandelt wieder – in Steine, Tiere, Hexen oder Frösche? In diesen Prozessen der Transformation verlieren wir die Verbindung zur Realität und in gewisser Weise auch unser Gedächtnis, so dass wir neu geboren werden können. Ist der Zauber gebrochen, entsteht ein größerer, ein persönlicher Mythos.

Die Geschichten der Vergangenheit tragen Lösungen in sich – jedoch nie die Absicht, Antworten zu geben, zu urteilen, zu strafen oder die Wirklichkeit zu leugnen, nämlich die, dass wir zwar sterbliche Wesen sind, aber dennoch wunderbare Geschöpfe ... Feen, Engeln und Zauberern nicht unähnlich, die wir in den Märchen unserer Kindheit finden. Reime, Rätsel und Verse der Kindheit werden zu Stufen auf dem Weg zu Reifung und Imagination.

Der Geist des Kindes ist voll schöpferischer Bilder. Sie dringen in die Seele ein, enthüllen die Macht von Hell und Dunkel und wecken den Impuls, Begehren, Liebe und Konflikt zu verstehen. Im Verstehen der Archetypen im Märchen erwachen unterbewusste Kräfte, die zu gegebener Zeit den Geist heilen werden. Die Rätsel und Vielschichtigkeiten werden nicht durch Worte, sondern durch Weitblick, klare Visionen und durch Erfahrung gelöst, und dieses innere Wissen erneuert das Leben der Seele. Wir alle fühlen uns jünger und lebendiger, wenn wir in der Welt der Phantasie umherwandern.

Weil wir das Leben durch die Tore der Kindheit betreten müssen, wird es immer Märchen geben. Sie schaffen eine Basis, auf der sich der einfache Geist der Kindheit und die Weisheit des Alters begegnen können.

In unserer Kultur haben wir den Kontakt zu den Märchenerzählern der Vergangenheit jedoch leider verloren. Kinder hören zwar Märchen und verstehen ihre Grundbotschaften, aber nur selten erfährt ein Kind eine wahre magische und lebenssteigernde Veränderung des Bewusstseins, indem es einer dieser Geschichten lauscht. Die Arbeit mit dem inneren Kind versucht nun, das verwundete Kind im Inneren zu heilen und zu befreien, indem es Menschen in einen kindähnlichen Zustand zurückführt. Von dort aus – ob freudig oder angstvoll – ist eine neue Akzeptanz des Lebens und eine Initiation unvermeidbar. Indem Menschen die Wunden ihrer Vergangenheit erneut anschauen, finden sie letztendlich den Weg ins Licht. Am aufregendsten daran ist die Feststellung, dass die persönliche innere Heilung auch die kollektive Verletzung der Menschheit heilt. Die Arbeit des Einzelnen dient der Masse.

Es ist unsere große Hoffnung, dass das *Tarot für das innere Kind* unserem Planeten in einer Zeit der globalen Metamorphose helfen kann. Diese Karten führen in die Sprache bildhaften Bewusstseins, und, aus diesem Brunnen gespeist, so wird die lang verloren geglaubte innere Stimme vielleicht wieder hörbar. Wir alle können von der Geschichte des Landmanns lernen, der vom König einen Wald mit Sandelholz erhielt und diesen abbrannte, um Kohle zu verkaufen: Oftmals sehen auch wir die Schätze nicht, die direkt vor uns liegen. In unserem verzweifelten Kampf ums Überleben missachten wir unsere kostbarsten Schätze auch manches Mal, oder wir zerstören sie sogar. Jeder von uns ist so reich und göttlich wie der kosmische Schöpfer, der uns führt, und das *Tarot für das innere Kind* ist ein Tribut an unser strahlendes Selbst, das Sternenkind, das in unserem Herzen lebt und die Sprache der Liebe spricht.

Während Sie mit dem *Tarot für das innere Kind* arbeiten und es erleben, werden Sie auf unterschiedliche Charaktere und Gestalten stoßen, deren Symbolik für Männer oder Frauen unpassend zu sein scheint. Bitte denken Sie daran: Um die reinen Lehren der Märchen zu erfahren, dürfen wir die männlichen und weiblichen Bilder nicht wörtlich nehmen – sie sind Aspekte der Seele. Das schmälert nicht die Bedeutung starker, heroischer Bilder von Frauen und Mädchen oder liebevoller, empfangender Bilder von Männern und Jungen, mit deren Hilfe sich Selbstvertrauen und ein gesundes Ego entwickeln können.[1]

Zu behaupten, dieses Projekt wäre für uns inspirierend gewesen, wäre eine Untertreibung. Seit unserer ersten Begegnung mit der *Findhorn Foundation* in Forres, Schottland, im Jahre 1977 war es eine fortwährende Manifestation. Dort haben wir begonnen, mit den Archetypen des Tarots zu arbeiten. Wie viele von Ihnen wissen, begann die Findhorn-Gemeinschaft 1962 mit Peter und Eileen Caddy und ihrer Begleiterin Dorothy MacLean. Über Jahre hinweg gab es erstaunliche Geschichten über Findhorn mit magischen Gärten und Ritualen zur "Einstimmung" auf Geister, Devas, Feen und andere "unsichtbare Wesen", die ein lebenswichtiger Teil der Natur sind. Zum Zeitpunkt unserer Ankunft war die Gemeinschaft ein emporstrebendes Zentrum mehrerer Hundert Menschen, die an ihrer persönlichen Transformation arbeiteten und dem Planeten dienen wollten.

Unsere Erfahrungen in Findhorn waren die Quelle und der "Spielplatz", aus dem das *Tarot für das innere Kind* entstanden ist. Am

Vorabend des Neujahrstages 1978 legten wir, kurz vor Schlag Mitternacht, zwölf Karten in einen Kreis und eine dreizehnte in die Mitte. Als wir gemeinsam diese Karte umdrehten, war es DER NARR (die 0 der Großen Trümpfe). Unsere Odyssee hatte begonnen – spirituell und symbolisch. Innerhalb weniger Monate heirateten wir und begannen, durch die USA zu reisen. Wir boten Workshops über Findhorn, Astrologie und Tarot an. Zur gleichen Zeit, inmitten all dieser Aufregungen und Reisen, wurde unsere Tochter, Gabrielle, gezeugt. Obwohl wir geplant hatten, Findhorn zu verlassen und uns an der Westküste der Vereinigten Staaten niederzulassen, schickten uns unsere "inneren Führer" auf eine Pilgerreise, die uns zurück nach Findhorn führte, wo Gabrielle im Sommer 1979 geboren wurde. Ohne dass es uns bewusst gewesen wäre und in einer wahrhaft inspirierenden Weise haben wir die Neujahrslegung ausgelebt, indem wir beide gemeinsam – wie DER NARR – auf dem Pfad der spirituellen Entwicklung gewandert sind.

Als wir uns die Figur Rotkäppchen als DER NARR im *Tarot für das innere Kind* vorstellten, sahen wir intuitiv Gabrielle als das Kind, das auf der Straße des Lebens reist. Erst jetzt wird uns bewusst, wie treffend und bedeutend diese Wahl gewesen ist. Als Gabrielle dreizehn Jahre alt war, wurde das *Tarot für das innere Kind* veröffentlicht – dreizehn Jahre nach unserer gemeinsamen Einweihung in das Tarot. Diese Jahre entsprechen zudem der Anzahl der Karten unserer Legung. – Wir erzählen Ihnen von diesem Erlebnis, weil es ein Beispiel dafür ist, wie das Tarot zur Lebenserfahrung werden kann, wenn wir mutig genug sind, seine Geschichten auszuleben.

Es scheint Ewigkeiten her zu sein, dass wir Findhorn verlassen haben. Auf unserem Weg haben wir viele Kurven und Schleifen gemacht – einige waren schmerzlich, andere fröhlich, aber alle boten uns die Gelegenheit, heil zu werden und zu wachsen. Heute sind Isha und ich kein Paar mehr, aber immer noch durch das goldene

Band unserer Kinder Gabrielle und Katya verbunden sowie durch unsere Arbeit und unsere Vision, dieses Projekt zur Vollendung zu bringen. Im wahrsten Sinn des Wortes: Wir sind Seelenpartner. Für immer.

Auf der tiefsten Ebene kam die Eingebung für dieses Deck durch unsere Kinder. Früh in ihrem Leben bereits begannen sie, mit unseren Tarotkarten zu spielen. Sie liebten die lebendigen Bilder und baten uns oft, ihnen eine Geschichte zu der Karte zu erzählen, die sie gezogen hatten. Auch aus diesem Grund wollten wir, dass (unseren) Kindern ein Tarotdeck zur Verfügung steht, dessen Bilder weniger die Ansprüche von Erwachsenen befriedigt, sondern es sollte Herz haben.

An einem Sommermorgen 1988 bei Vollmond war es soweit: Wir hatten eine wunderbare Vision der Märchen, und das Tarot entstand in Form eines Decks für Kinder und all diejenigen, die im Herzen jung geblieben sind. Als wir uns näher mit der Idee beschäftigten, entdeckten wir, dass das Tarot mit seiner mystischen Kraft ein segensreicher Begleiter für die geheimnisvollen Lehren von Märchen und Mythen ist. An jenem Tag fielen uns die Erkenntnisse zu, wie Sternschnuppen an heiligen Tagen vom Himmel fallen. Wir waren von einer Vision und Weisheit jenseits unseres Selbst durchdrungen.

Ein Traum ist für uns wahr geworden, und wir freuen uns sehr, dass diese Karten auf dem Markt sind. Gemeinsam haben wir die Ideen und Eingebungen geerntet, deren Samen vor Jahren gelegt wurden. Dieses Deck ist wie ein Schmetterling, der sich aus dem Kokon befreit, sich dem Licht öffnet und im Schein des Feuers tanzt. Wir hoffen, dass dieses Deck auch den Weg zu Ihrem Herzen finden wird.

- Teil I -
Das Orakel

Beinahe sechs Jahrhunderte sind seit dem Erscheinen der ersten Tarotkarten vergangen, die 1392 in Frankreich auf den Markt kamen. Hunderte von Decks sind seit damals geschaffen worden – in allen Ecken der Welt, und das *Tarot für das innere Kind* ist ebenfalls ein Ausdruck der Weisheit und Magie des Tarots, dem gegenwärtigen Stand der Evolution entsprechend. Um die Entstehung dieses neuen Decks und seinen Nutzen für Ihr Leben besser verstehen zu können, folgt ein kurzer Abriss über die Geschichte des Tarots in der Neuzeit.

Viele Autoren haben sich Gedanken über die Ursprünge des Tarots gemacht, Spekulationen dazu gibt es genug. Einige waren der Meinung, die zweiundzwanzig Großen Trümpfe wären riesige Bilder in einem geheimnisvollen Gang, der die Große Pyramide von Gizeh und die Sphinx in Ägypten verbindet; Neophyten würden diesen Gang auf dem Weg zu ihrer Einweihung benutzen und dabei von den Bildern, Symbolen und spirituellen Wesenheiten, die in die Bilder eingraviert sind, inspiriert werden. Andere Autoren behaupteten, das Tarot würde aus Fes, Marokko, stammen, und andere fabulierten von einer sagenumwobenen Stadt in der alten Welt, in der sich Priester und Priesterinnen zusammenfanden, um die ewige Weisheit in Form eines Buches mit Bildern und Karten zum Ausdruck zu bringen. Diese und andere Thesen sind zwar faszinierend, erinnern uns aber nur daran, dass die Anfänge des Tarots im Dunkeln liegen.

Was wir mit Sicherheit wissen ist, dass Tarotdecks zur Zeit der Renaissance in Europa aufgetaucht sind.

Der Name *Tarot* kommt aus dem Französischen, und in Italien wurde der Name *Tarocchi* verwendet. Offensichtlich entarteten die Karten im Laufe der Zeit zu einem Glücksspiel, und das bringt uns zu einer anderen historischen Tatsache: Es gibt eine eindeutige Verbindung zwischen dem Tarot und den modernen Spielkarten. Das Tarot hat zweiundzwanzig Große Trümpfe und sechsundfünfzig Hofkarten. Die zweiundzwanzig ersten Karten sind mit den römischen Ziffern von I bis XXI nummeriert, aber es gibt außerdem noch eine Karte mit der Bezeichnung DER NARR, die die 0 trägt. Die sechsundfünfzig kleinen Karten bestehen aus vier Folgen mit jeweils zehn durchnummerierten Karten und vier Hoffiguren. In einem modernen Spielkartendeck finden sich zweiundfünfzig Karten, aber die meisten schließen auch einen Joker mit ein – und dieser Joker ist DER NARR des alten Tarots. Dagegen haben die modernen Spielkarten nur drei Hoffiguren (König, Dame und Bube), während das Tarot vier aufweist (traditionell mit der Bezeichnung König, Königin, Ritter und Bube oder Page).[2]

Selbst wenn man die Großen Arkana mit den zweiundzwanzig Bildern nur schnell durchschaut, wird klar, dass etwas Tiefgehendes mit einem geschieht. Grundsätzlich gibt es drei Ebenen, auf denen das Tarotdeck funktioniert. Auf der höchsten Ebene ist das Tarot ein System, um die verborgenen Gesetze und Grundsätze der ewigen Weisheit zu untersuchen und zu verstehen. Außerdem ist es ein mathematisches und wissenschaftliches Vehikel, um in die Geheimnisse des Lebens jenseits der dreidimensionalen Welt einzudringen. Auf der zweiten Ebene spiegeln das Tarot und seine verschiedenen Symbole, Bilder und Archetypen den einzigen Pfad des Schicksals und der Arbeit wider, auf dem jede menschliche Seele in einem Leben wandert. Auf der dritten Ebene ermöglicht das Tarot es dem

Menschen, wichtige Fragen zu stellen und erhellende Antworten darauf zu erhalten. Dabei ist es jedoch keineswegs ein Orakel oder eine Möglichkeit zur Zukunftsdeutung; eine Tarotlegung zeigt vielmehr auf, wie sich eine Situation entwickeln wird, wenn sich der Fragesteller weiterhin so verhält wie bisher. Das Tarot ist demnach ein Spiegel der Seele, es bildet Beweggründe und Optionen ab, die man ohne seine Hilfe wohl nicht gesehen hätte. Auf diese Weise kann das Tarot auch als Möglichkeit dienen, um in die Vergangenheit zu schauen und Probleme der Gegenwart zu klären.

In den letzten Jahrzehnten ist in den esoterischen Buchläden eine Flut von Orakeldecks aufgetaucht. Geschickte Künstler haben die Bilderwelt des Tarots erweitert und Decks mit Tieren, Bäumen, Runen, Zeichen der Azteken, Engeln und Ähnlichem geschaffen. Das *Tarot für das innere Kind* verwendet zwar das 78er-System des Tarots, aber indem dieses Deck die Magie der Märchen und der unsichtbaren Welt der Natur aufdeckt, ist es ebenfalls eine neue Interpretation des Tarots, das die Weisheit des Herzens wiederaufleben lässt, die in seinen labyrinthartigen Pfaden verborgen liegt.

Während die zweiundzwanzig Karten der Großen Arkana seit jeher den spirituellen Weg des Schicksals für jede menschliche Seele symbolisiert haben, verwenden viele Decks – vor allem das Rider-Waite- und das Crowley-Tarot, das die alchemistische Seite betont – unterschiedliche esoterische Symbole und Bilder, die schwierig zu deuten sind. Dies geschah zum Teil mit der Absicht, die Großen Arkana von Menschen fernzuhalten, die die Karten missbrauchen würden. Doch als wir das *Tarot für das innere Kind* entwarfen, wollten wir die Schönheit, Weisheit, Freude und Unschuld enthüllen, die in den zweiundzwanzig Großen Trümpfen verborgen liegt. Wir haben uns bemüht, ein Deck zu schaffen, das Eltern, Lehrer und Familien verwenden können, ohne sich mit Myriaden von verschlüsselten Botschaften auseinandersetzen zu müssen, die schwierig zu ergründen sind.

Manche Märchen in den Großen Trümpfen dienen als Schlüsselkarten. So können Sie eine Parallele zwischen den Karten SCHNEEWITTCHEN und DER TOD erkennen, wenn Sie die Botschaft der persönlichen Metamorphose im Kern des Märchens verstehen; die Karte DER TOD behandelt genau dasselbe Thema. Die Karte ASCHENPUTTEL passt wunderbar zu DER MOND, die mit dem Zeichen der Fische und der lebhaften Kraft der Träume und Visionen verbunden ist. Und so geht es weiter mit vielen Märchen, die den Karten des traditionellen Tarots entsprechen: SCHNEEWITTCHEN hat zusätzlich eine Verbindung zur Karte DER EREMIT (Jungfrau), DIE SCHÖNE UND DAS BIEST ist der Karte STÄRKE (Löwe) verwandt, die Botschaft von Rapunzel ähnelt der der Karte DER TURM (Mars) und HÄNSEL UND GRETEL weisen Parallelen zur Karte DIE LIEBENDEN (Zwillinge) auf.

In ihrer Essenz scheinen die Märchen des Westens, wenn sie in die richtige Reihenfolge gebracht werden, ein lebhafter Ausdruck verborgener Archetypen des kollektiven Unbewussten zu sein – Archetypen, die als spiritueller Pfad durch die Großen Arkana des Tarots sichtbar gemacht und manifest werden. Wenn wir die Vorstellung akzeptieren, dass jeder der zweiundzwanzig Großen Trümpfe ein spirituelles Wesen oder ein Leben auf einer höheren Daseinsebene darstellt, dann sind die Märchen und ihre Hauptcharaktere lebende Exemplare jener Trümpfe, die in der Welt der Phantasie, der Träume und der kindlichen Vorstellung wirken. Es ist interessant, dass Kinder die Magie des Tarots und des zweiundzwanzigfachen Pfades des Schicksals durch Märchen lernen. Sie haben einen Schlüssel zur Schatzkiste, in der die verborgenen Botschaften der Märchen enthalten sind. Das *Tarot für das innere Kind* hat die Märchen auf der königlichen Straße des Tarots in einer magischen Abfolge geordnet.

Wir haben die zweiundzwanzig Großen Trümpfe in eine neue spirituelle Reihenfolge gebracht, die auf unserer Erfahrung des göttlichen Kindes basiert, das in jedem von uns lebt. Die vier Folgen der Kleinen Arkana sind ebenfalls völlig neu geschaffen und in Bilder übersetzt worden. Die klassischen Kartenfarben sind teilweise umgewandelt worden in *Magische Stäbe* (Feen), *Geflügelte Herzen* (Seejungfrauen), *Schwerter* (Kinder auf Abenteuersuche) und *Kristalle* (Gnome). Viele Schöpfer von Tarotdecks haben die Kleinen Arkana einfach von 1 bis 10 durchnummeriert und entsprechend viele Münzen, Kelche, Stäbe oder Schwerter auf einer Karte platziert. In unserem Deck erzählt dagegen jede Karte eine Geschichte, die Herz und Verstand öffnet und neue Erkenntnisse auf der göttlichen Reise sichtbar macht. Wir haben die sechzehn Hofkarten, die zu den Kleinen Arkana gehören, daher ebenfalls geändert.

Joseph Campbell und andere Autoren vertreten die Auffassung, dass die vier Farben und Hofkarten eines jeden Tarotdecks die Kultur und Klassenunterschiede widerspiegeln, die während der Entstehung des Decks existierten. Als Campbell über die Tarotdecks des Mittelalters schrieb, brachte er die Vermutung zum Ausdruck, die Schwerter würden den Adel, Ritter und Soldaten darstellen und die Kelche symbolisierten die Kirche und religiöse Figuren. Er war der Meinung, die Stäbe hätten mit den Bauern und den Landarbeitern zu tun und die Münzen oder Pentagramme mit der neuen aufsteigenden Klasse der Kauf- und Handelsleute. Außerdem wären die Hofkarten – König, Königin, Ritter und Bube – Reflexionen der europäischen Kulturen jener Epoche.

Als wir das *Tarot für das innere Kind* schufen, war es unerlässlich, die Farben und die Hofkarten neu zu gestalten, um der veränderten Welt der neunziger Jahre und dem Wassermannzeitalter Rechnung zu tragen. Mit unseren Erfahrungen in Findhorn und unserer Konzentration auf das Thema Kind wurde schnell klar, wie wir die vier Farben umgestalten würden. Das neue Design hat im Tarot zudem etwas sehr Wichtiges verändert: In unserem *Tarot für das innere Kind* ist eine spirituelle Energie in den Kleinen Arkana zu spüren, was unserer Realität entspricht, in der das "normale", weltliche Leben auf einer kosmischen, göttlichen Ebene viel reicher geworden ist. In gewisser Weise haben die Magie und das Mysterium der zweiundzwanzig Großen Trümpfe jetzt den Bereich der sechsundfünfzig kleinen Karten durchdrungen – und unser Deck bringt dieses Geschehen zum Ausdruck. Sie werden sehen, dass wir den Buben, den Ritter, die Königin und den König in Kind, Sucher, Führer und Hüter umbenannt haben. Im Gegensatz zu den Titeln, die man an den Höfen des Mittelalters gebrauchte, sind in unserem Deck Namen, Qualitäten und Bilder zu finden, in denen wir uns wiederfinden können und die uns bekannt vorkommen von unserem spirituellen Weg.

Da mehr und mehr Menschen auf dem Weg sind, das "innere verwundete Kind" zu heilen, bietet das *Tarot für das innere Kind* einen tiefgehenden Zugang zu der verlorenen Unschuld der Kindheit und zur Freude, Reinheit und dem Wunder kindlichen Bewusstseins.

In diesem Zusammenhang ist es interessant zu erwähnen, dass ein neuer Planet – ein Planetoid oder Komet – am 1. November 1977 entdeckt wurde. Er wurde Chiron genannt, nach dem griechischen Zentaur, einem magischen Wesen, das moderne Astrologen und Sucher als den "verwundeten Heiler" bezeichnen; Barbara Hand Clow hat ausführlich über die Bedeutung von Chiron geschrieben (*Chiron: Regenbogen-Brücke zwischen den inneren und äußeren Planeten*). Unsere Erfahrung zeigt, dass die Stellung von Chiron zum Zeitpunkt der Geburt anzeigt, wie sehr wir uns wünschen, das verwundete Kind zu heilen, um uns als Erwachsene ganz (= heil) fühlen zu können. Man beachte in diesem Zusammenhang die Ähnlichkeit des Begriffes *Chi*, der den Energiefluss im Körper beschreibt, mit dem englischen Wort *child* (Kind) und mit Chiron.

Eine der interessantesten Möglichkeiten für die Arbeit mit einem Tarotdeck ist, es zu einem bestimmten Zeitpunkt zu erwerben. Das kann bedeuten: an dem Tag im Jahr, wenn die Sonne (spirituelle

Erleuchtung) über den Chiron in Ihrem Geburtshoroskop wandert (Heilung, ewige Weisheitslehren) oder eine Konjunktion bildet mit Uranus (Intuition, Revolution, Erleuchtung), Neptun (Phantasie, Sensitivität, Mystizismus) oder Pluto (Tiefenpsychologie, Transformation, Tod/Wiedergeburt). Ein Deck wird für Sie "geboren", wenn Sie es käuflich erwerben oder als Geschenk erhalten. Wie ein Mensch hat daher auch ein Deck ein Horoskop und besondere Eigenschaften und Attribute. Wenn Sie zu dem Zeitpunkt, an dem die Sonne über einen der oben genannten Planeten wandert, ein neues Deck bekommen, werden seine Karten von Ihren eigenen göttlichen Heilkräften durchdrungen. (Suchen Sie einen anerkannten Astrologen auf, um die Daten in jedem Jahr herauszufinden, an denen die Sonne in Ihrem Geburtshoroskop diese Planeten kreuzt.)

In einem der folgenden Kapitel werden wir mehrere unterschiedliche Legesysteme untersuchen, aber es ist wichtig, im richtigen Bewusstseinszustand zu sein, wenn Sie mit den Karten arbeiten möchten. Das Wichtigste ist, sich zu entspannen, die Atmung zu beruhigen, bequem zu sitzen und Herz und Verstand von Frieden und Freude durchdringen zu lassen. Einige von Ihnen möchten vielleicht eine Kerze anzünden und/oder eine Duftmischung verbrennen. In der ruhigen Zitadelle Ihres Herzens und Ihres Verstandes öffnen Sie sich dann den erzieherischen Stimmen Ihrer spirituellen Lehrer und Führer. Hilfreich ist es, einen besonderen Platz in Ihrem Heim für diese Tarotsitzungen zu schaffen. Vielleicht können Sie einen Altar aus Ihren Lieblingsgegenständen bauen - Steinen, Edelsteinen, Federn, Fotografien, Erinnerungen. Schaffen Sie ein Ritual, das sich für Sie gut anfühlt. - Es ist auch wichtig, wie Sie die Karten aufbewahren. Wir halten es für eine sehr gute Idee, das Deck in ein Seidentuch zu wickeln, es in eine bestickte Seidentasche zu legen oder in eine schöne geschnitzte Schachtel, die mit besonderen Erinnerungen verbunden ist.

Sie können die Karten für sich selbst, für einen Freund oder eine Freundin, ein Familienmitglied oder einen Klienten legen, oder jemand anderes legt die Karten für Sie. Einflussreiche Persönlichkeiten haben zwar davor gewarnt, die Karten für sich selbst zu legen, doch das ist in Ordnung, solange Sie auf Objektivität achten und ein ehrfürchtiges mentales und spirituelles Verhalten an den Tag legen. Wenn Sie eine Schlüsselfrage haben, die beantwortet werden soll, schreiben Sie sie auf einen Zettel, und legen Sie diesen vor sich hin. Vielleicht möchten Sie sich auch während der Deutung Notizen machen oder die Sitzung auf einem Tonträger mitschneiden. Lassen Sie Ihren Geist, wenn die Karten erscheinen, "frei assoziieren". Wenn eine ältere männliche Person auf einer Karte beispielsweise wie Ihr Großvater aussieht, ziehen Sie diesen Hinweis nicht in Zweifel. Vielleicht ist Ihr gutherziger und sensitiver Großvater ein wichtiges Bild und ein innerer Archetyp für Sie, den Sie gerade jetzt richtig verstehen müssen. Wenn ein kleines Mädchen oder ein kleiner Junge Sie an Ihre Tochter oder Ihren Sohn erinnert oder an sich selbst als Kind, folgen Sie diesem intuitiven Einfall, denn vielleicht fördert er einen verborgenen Schatz zutage.

Letztlich ist nur eines wichtig: Fühlen Sie sich frei, aus Ihren Karten eine Geschichte zu zaubern. Sie können alle Karten zu einer Handlung, einem Roman oder einem Abenteuer verweben und Antworten auf die schwierigsten Fragen finden, solange Sie an sich selbst und Ihr spirituelles Schicksal glauben. Je öfter Sie mit dem *Tarot für das innere Kind* arbeiten und spielen, desto stärker wird Ihre Intuition werden. Wenn Sie sich nicht auf einen einzelnen Bereich Ihres Lebens konzentrieren, wird das Spiel viele Facetten Ihrer gegenwärtigen Erfahrung berühren. Denken Sie daran: Das Deck ist ein Freund! Es wird für Sie zu einem schöpferischen, feinstofflichen Spiegel Ihres inneren Selbst und der wechselnden Realität werden.

Mit Kindern spielen

Wenn Sie dieses Tarot mit Kindern "spielen", empfehlen wir Ihnen, es nicht zu kompliziert zu machen. Seien Sie kreativ und phantasievoll! Unser Ziel beim Entwerfen dieses Decks war es, die Unschuld eines kindlichen Herzens zu erwecken. Hier einige Ideen und Vorschläge, um die achtundsiebzig Geschichten für junge Menschen mit Leben zu füllen.

Die Karten sind eine wunderbare Möglichkeit für Kinder, ihre blühende Phantasie zu benutzen. Allein schon die Karten zu mischen und in der Hand zu halten, kann ihre Neugier und Faszination wecken, denn Kinder möchten die Welt erfühlen, Dinge berühren und sie so "begreifen". Wenn Sie das Deck Kindern nahebringen möchten, sollten Sie die besonderen und kostbaren Qualitäten der Karten als Freunde, Lehrer und Führer beschreiben. Dies fördert das Gefühl des Respekts bei den Kindern, während sie lernen, mit den Karten zu spielen und sich auf die farbigen und phantasievollen Visionen einzustellen, die das Deck bietet.

Diese Karten können zur Unterstützung der Meditation oder schlicht als Spiel und zum Spaß verwendet werden. Wir hoffen, Sie werden die Kinder dazu ermutigen, Geschichten zu erzählen und zu visualisieren. In einer Zeit, in der Fernseher und Videospiele in fast jedem Kinderzimmer zu finden sind, muss man den Kindern der westlichen Kultur ihre Träume und Visionen auf einem "silbernen Tablett" präsentieren, denn ihr ursprünglicher Drang nach Magie und Teilnahme am kreativen Spiel ist durch Passivität ersetzt worden.

Für viele Kinder ist der schöpferische Prozess, mit ihren Phantasien umzugehen, zum reinen Zuschauersport geworden, doch wir hoffen, es ist uns gelungen, die Vorstellung, dass jeder von uns das göttliche Feuer der schöpferischen Leidenschaft in sich trägt, wieder attraktiver zu machen.

Es gibt viele Wege, einem Kind die Karten nahezubringen. Sie können die zweiundzwanzig Großen Arkana in einem Bogen fächerartig auslegen und das Kind eine Karte aussuchen lassen. Diese wird dann zum Ausgangspunkt der Geschichte, die Sie miteinander teilen. Sie können auch alle achtundsiebzig Karten auslegen und das Kind aus dem vollständigen Deck wählen lassen. Jedes Bild, das auftaucht, birgt eine Idee für ein Erlebnis oder ein Spiel in sich. Ermutigen Sie das Kind, in jeder Karte seine persönliche Bedeutung zu finden.

Es macht auch Spaß, die Karten beim Wandern oder zum Picknick mitzunehmen. In einer Pause können Sie das Deck herausholen und jeden Anwesenden eine "Spielkarte" wählen lassen. Die Überraschung des Tages ist dann, wie jeder der Teilnehmer mit seinem Bild oder seinem Märchen umgeht, denn die Karten draußen in der Natur einzusetzen, ist eine besonders schöne und bereichernde Aufgabe.

Eine entspannende Möglichkeit, einen stressigen Tag zu beenden, ist es, die Karten vor dem Schlafengehen zu verwenden, denn es sind die Bilder des Tages, die uns in der Nacht beschäftigen. Ein besonderes Deck könnte auf dem Nachttisch des Kindes liegen oder auf dem Bücherregal, und das Aussuchen einer "Traumkarte" wird so zum abendlichen Ritual. Das ist auch eine Chance für Kinder, die abends vor dem Einschlafen Angst haben, denn ein entsprechendes Bild unter dem Kopfkissen könnte ein Gefühl des Beschütztseins vermitteln, oder Sie legen abends Karten wie DER SCHUTZENGEL, DIE FEEN-KÖNIGIN oder DER ZAUBERSTERN auf den Nachttisch neben das Bett.

Auch an Feier- und Festtagen lässt sich das Deck sehr gut verwenden. Einige Karten können so als Tischdekorationen dienen – etwa ST. NIKOLAUS am Nikolaustag. Die Karte SECHS STÄBE könnte am 1. Mai in der Nähe einer Vase mit frisch geschnittenen Blumen liegen, um den Geist des Frühlings ins Haus zu locken, und die Karte SIEBEN KRISTALLE könnte in die Nähe der Chanukah-Kerzen gelegt werden. Es gibt viele Möglichkeiten, wie zum Beispiel Ostern (MUTTER GANS), die Zeiten der Sonnenwende und der Tag- und Nachtgleichen (DIE GELBE ZIEGELSTEINSTRASSE) und Geburtstage. Am Geburtstag kann das Deck ausgelegt, eine Karte ausgesucht und diese als Geburtstagskarte des Kindes interpretiert werden.

Alle diese Vorschläge lassen sich beliebig abändern und erweitern. Letztendlich geht es darum, mit den Karten zu verschmelzen und sie ihre eigene Sprache sprechen zu lassen. Lassen Sie das Kind in Ihrem Herzen spielen – und genießen Sie es!

Legesysteme

Bevor Sie die Karten mischen, wählen Sie für Ihre Legung ein besonderes Muster. Das ist ein wichtiger Prozess, da die Wahl für das Legesystem Ihr Unterbewusstsein gleichsam "konditioniert" und es diesem erlaubt, auf magische Weise die richtigen Karten für die besonderen Positionen im Legebild auszuwählen.

Die Karten zu mischen, ist ein weiteres wichtiges Ritual. Jeder Mensch hat in dieser Hinsicht seinen eigenen Stil, und wir schlagen nur vor, mit Feinfühligkeit und Sorgfalt vorzugehen. Achten Sie darauf, dass Sie Ihre Schwingung auf die Karten übertragen, damit diese auf Ihre tiefsten Sehnsüchte, Wünsche und spirituellen Bedürfnisse eingehen können. Auf mysteriöse Weise wird Ihr Unterbewusstsein das Mischen und die Auswahl der Karten steuern. Lassen Sie sich treiben, und öffnen Sie sich der Weisheit Ihres Herzens.

Wenn Sie die Karten aus dem Deck auswählen, breiten Sie sie zuerst wie einen Fächer vor sich aus, mit der bebilderten Seite nach unten. Ziehen Sie die Karten mit der linken Hand, denn Ihre linke Hand ist verbunden mit Ihrer phantasievollen und intuitiven rechten Gehirnhälfte, während Ihre rechte Hand mehr mit der rationalen, logischen linken Gehirnhälfte verbunden ist. Falls Sie jedoch Linkshänder sind, gilt das Umgekehrte. Wenn Sie die Karten im Legesystem anordnen, legen Sie sie ebenfalls immer mit dem Bild nach unten, bis Sie bereit sind, die Karten zu lesen.

Ein weiterer wichtiger Punkt sind "umgedrehte Karten". Viele Tarotlehrer vertreten die Auffassung, dass Karten, die auf dem

Kopf stehen, das Gegenteil oder Umgekehrte der "richtig" liegenden Karten bedeuten. Wir schlagen allerdings vor, dass Sie den Gedanken, irgendwelche Karten lägen "falsch herum", beiseitelassen und nur dafür sorgen, dass jede Karte richtig herum liegt. Als die Tarotdecks entstanden, haben ihre Erfinder viele Stunden damit verbracht, wunderbare Kunstwerke zu schaffen. Die Idee, eine umgekehrte Karte hieße, die Bedeutung der Karte umzudrehen, scheint eine negative Verwendung des Decks mit einzuschließen. Indem Sie die Vorstellung einer umgekehrten Bedeutung akzeptieren, gibt dies dem Teil des Gehirns Nahrung, der Dualität, Polarität und Trennung betont. Des Weiteren führt Sie der Versuch, eine umgekehrte Karte und ihre Botschaft zu analysieren, von der göttlichen Führung weg, die von Ihrem Unterbewussten und den höheren Lehrern durch die Bilder der Karten in Sie fließt. Jede Karte wird zu Ihnen sprechen, aber nur, wenn Sie das Bild so betrachten, wie es ursprünglich erdacht wurde.

Der Wunschbrunnen

Nach der Meditation und dem Mischen der Karten breiten Sie sie, indem Sie die Karten im Uhrzeigersinn führen, in einem Kreis vor sich aus. Das nennen wir das Legebild DER WUNSCHBRUNNEN. Nehmen Sie aus dem Kreis eine Karte, drehen Sie sie um und legen Sie sie in die Mitte des Brunnens (in den Kreis).

Das ist eine ideale Anordnung, wenn Sie eine Antwort auf eine bestimmte Frage suchen und wirklich wünschen, in die Tiefen Ihrer eigenen Seele hinabzusteigen. Bedenken Sie, dass diese eine Karte, die Sie gewählt haben, ein spiritueller Spiegel Ihres Leben in diesem einen Moment ist: Aus dem gesamten Universum der achtundsiebzig

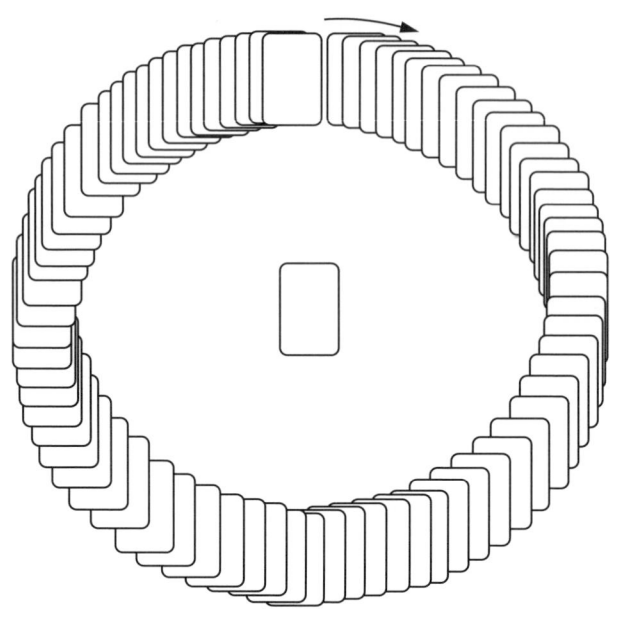

Legung "Der Wunschbrunnen"

Bilder des *Tarots für das innere Kind* haben Sie dieses Bild als
Katalysator für Veränderung und Inspiration gewählt. Bedenken Sie
auch, wie außergewöhnlich es ist, dass aus irgendeinem unbekannten
Grund siebenundsiebzig weitere Karten in diesem Augenblick nicht
zu Ihnen sprechen wollen. So, als ob Sie eine Glücksmünze oder
einen Glücksstein in einen scheinbar bodenlosen Wunschbrunnen
werfen, taucht aus dem geheimen Brunnen der Weisheit und Liebe
in Ihrem Herzen also ein Geschenk auf - in diesem Fall als Karte.
Hüten Sie diese Offenbarung Ihres inneren Kindes wie einen Schatz.

Dieses Legemuster kann auch von einer Gruppe als Beginn einer
Versammlung oder einer Zusammenkunft gewählt werden. Jeder
der Teilnehmer darf die Karten mischen, und jeder in der Gruppe
darf helfen, die Karten fächerartig in einem Kreis auszulegen. Dann

kann eine Person, die von der Gruppe ausgewählt wurde, sorgfältig und sensitiv die eine Karte auswählen, die die Zielsetzung der Gruppe in den gemeinsamen Tagen und Wochen symbolisch darstellen soll.

Bedenken Sie: Die Macht und Magie des Legesystems DER WUNSCHBRUNNEN rührt von der Tatsache her, dass nur eine Karte ausgewählt wird, um die Mysterien des Lebens zu enthüllen. In der Numerologie bildet die 1 den Schlüssel zu Einheit, Ganzheit und spiritueller Stärke.

Was liegt hinter der Ecke?

Dieses Muster ist unsere Version einer einfachen Legung mit drei Karten, wovon je eine für Vergangenheit, Gegenwart und Zukunft steht. Die Zahl 3 hat zudem immer etwas zu tun mit Synthese, Kreativität, Freude und göttlicher Inspiration.

Nach dem Auffächern der Karten wählen Sie aus dem Deck drei Karten – eine für "das erste Haus" (Vergangenheit), eine für "die Ecke" (Gegenwart) und eine für "das Haus um die Ecke" (die Zukunft); dabei platzieren Sie die Karten von rechts nach links. So wie ein Kind auf dem Fahrrad vielleicht von seinem Heim aus um die Ecke fährt zum Haus eines Freundes oder einer Freundin, so verlassen Sie mit dieser Legung eine Realität und gehen um die Ecke auf eine neue Erfahrung zu, die Sie vielleicht dazu veranlasst, eine neue Richtung einzuschlagen in Ihrem Leben.

Während Sie mit diesem Legebild eine Geschichte erzählen können, hilft es Ihnen auch herauszufinden, dass jede Aktion eine Reaktion zur Folge hat, die nach einer Lösung verlangt. Die Alten verstanden unter der Dreiheit ein System aus These, Antithese und Synthese, und so können Ihnen alle dreifachen Legemuster helfen, Körper, Verstand und Geist zu bereichern und zu harmonisieren.

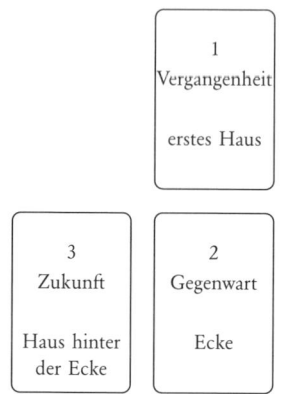

Legung "Was liegt hinter der Ecke?"

Das Kind

Hierbei handelt es sich um ein Legesystem voller Wunder und Magie, für das fünf Karten ausgelegt werden – eine für jeden Buchstaben in dem Wort *child* (englisch für "Kind"). Nachdem Sie die Karten wie einen Fächer vor sich ausgebreitet haben, wählen Sie fünf aus dem Deck aus und legen diese, mit dem Bild nach unten, in einer Reihe von links nach rechts aus.

Um die Bedeutung dieses Musters zu verstehen, betrachten Sie die spirituelle Bedeutung jedes Buchstabens in dem Wort *child:*

Die Karte 1 steht für den Buchstaben C, der aussieht wie ein Halbmond. Die Karte auf dieser ersten Position symbolisiert Ihre

Empfänglichkeit für die Welt um Sie herum – Ihre Offenheit für die kosmischen Kräfte, die Ihr Schicksal formen.

Die Karte 2 steht in Verbindung mit dem Buchstaben H. Dieser Buchstabe sieht aus wie eine Leiter, und die Karte an der zweiten Stelle zeigt Ihnen, wie Sie auf Ihren inneren Sprossen höher steigen, um eine neue Ebene spirituellen Verständnisses zu erreichen.

Die Karte 3 steht für den Buchstaben I. Ist es nicht erstaunlich, dass das Zentrum des Wortes *child* der Buchstabe I ist ... als Symbol für Persönlichkeit und Unabhängigkeit, die sich auch im Personalpronomen *I* (amerikanisch für "ich") zeigt? Die Karte an dieser dritten Stelle im Legebild macht Ihnen eine zentrale Realität in Ihrem Leben, ein bestimmtes Ziel, eine "Änderung im Herzen" bewusst, die Ihr Leben transformieren kann.

Die Karte 4 steht in Verbindung mit dem Buchstaben L. Sie symbolisiert das neue Leben, das Sie ständig schaffen, die Liebe, die Sie anziehen und mit anderen teilen, und die Ordnung der Welt, die Sie verstehen müssen.

Die Karte 5 steht in Verbindung mit dem Buchstaben D. Im hebräischen Alphabet heißt der Buchstabe D *daleth* und bedeutet so viel wie "Tür". Die Karte in der fünften Position dieser Legung ist demnach Ihre Tür in die Welt, und sie spiegelt die Herausforderungen und Chancen unmittelbar vor Ihnen wider. Die Karte an dieser Stelle symbolisiert auch "Ihren ureigensten Kern", der oftmals schwer zu ergründen und beinahe unmöglich zu beschreiben ist.

Legung "Das Kind"

Der Regenbogen

Alle Legesysteme mit sieben Karten bergen ein Element der Verzauberung und des Mysteriums in sich. Auch der Regenbogen, der aus sieben Farben besteht, wurde seit jeher als Verbindung zwischen der Welt des Spirituellen und der Menschen angesehen. Er ist ein Zeichen himmlischer und irdischer Magie und der gegenseitigen Durchdringung dieser Welten.

Breiten Sie die Karten in der üblichen Weise fächerartig vor sich aus, und wählen Sie dann sieben Karten aus. Legen Sie sie in einem Bogen von links nach rechts aus, wobei die ersten drei Karten nach oben zur vierten Karte führen und die letzten drei Karten wieder in einem Bogen hinuntergehen und das Muster vollenden.

Es gibt mehrere Möglichkeiten, die Karten dieses Bildes zu interpretieren. Die einfachste ist, die Karten 1, 2 und 3 als Symbol für Ihre physische, emotionale und mentale Entwicklung in der jüngsten Vergangenheit anzusehen. Karte 4 steht für die Synthese dieses Wachstums oder die Erfahrung in diesem Augenblick, es ist eine spirituelle Wandlung, die erkannt werden muss. Die Karten 5, 6 und 7 sind Spiegelungen Ihrer künftigen geistigen, emotionalen und physischen Entwicklung. In diesem Muster finden sich somit subtile, aber dennoch wichtige Verbindungen zwischen den Karten 1 und 7, 2 und 6 sowie 3 und 5 – wobei die vierte Karte als verbindendes Herz des Bildes gilt.

Die sieben Farben und die sieben Chakren (die Energiezentren im ätherischen Körper) können ebenfalls mit den sieben Karten im Legesystem "Der Regenbogen" in Verbindung gebracht werden. Daher kann Ihnen die Bilderfolge bei dieser Anordnung dabei helfen zu verstehen, ob ein Teil Ihres Körpers Heilung oder ein Aspekt Ihrer Persönlichkeit Nahrung braucht. Sehr inspirierende Karten, die für ein besonderes Chakra stehen, können die Notwendigkeit andeuten, in jenem Bereich zur wahren Blüte zu kommen. Oder das Auftreten einer besonderen Karte in Verbindung mit einer Farbe ist ein Zeichen dafür, dass Sie vielleicht häufiger Kleider in jener Farbe tragen oder Ihre Ernährung mit Nahrungsmitteln in jener Farbe ergänzen sollten.

Die Zahl 7 ist daneben für den Ausdruck der Seele von besonderer Bedeutung. In einigen spirituellen Schulen heißt es, die Seele würde die Kontrolle über den physischen Körper im Alter von sieben Jahren übernehmen. Dann soll das Ego oder das Ich vollständig im Kind inkarnieren, wobei die nächsten sieben Jahre vor allem dem emotionalen Wachstum dienen (von 8 bis 14 Jahre). Dann folgen sieben Jahre, in denen der mentale Ausdruck und die mentale Entwicklung Vorrang haben (15 bis 21 Jahre). Es schließen sich sieben Jahre spiritueller Reifung an (22 bis 28 Jahre) - ein Zyklus, der in unserer westlichen Kultur leider in Vergessenheit geraten ist.

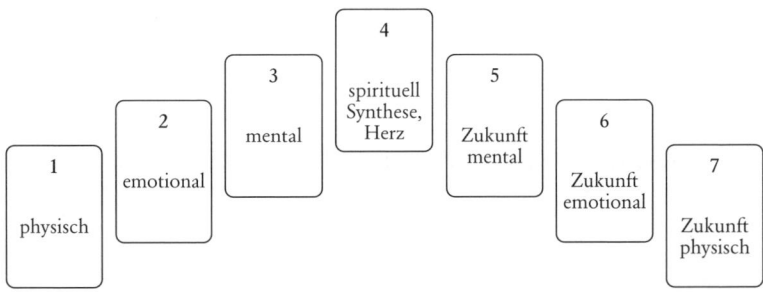

Legung "Der Regenbogen"

Himmel und Hölle

Eines der frühesten Spiele, das zudem bei Kindern sehr beliebt ist, ist "Himmel und Hölle". Es gibt mehrere Variationen dieses Spiels; die, die wir ausgewählt haben, hat zehn Kästchen. "Himmel und Hölle" wird gespielt, indem man mit dem Fuß einen Stein in die nummerierten Kästchen kickt und dann in diese Kästchen springt oder hüpft, um sich den Stein wiederzuholen; danach kehrt man in die Ausgangsposition zurück. Um dieses Spiel zu gewinnen, muss man den Stein in jedes nummerierte Kästchen stoßen, ohne eine Linie zu berühren. Während man hüpft, um den Stein wiederzuholen, darf man ebenfalls nicht mit dem Fuß auf eine Linie kommen. Gewonnen hat bei diesem Spiel das Kind, dem es am schnellsten gelingt, den Stein in alle zehn Kästchen zu kicken und in die Startposition zurückzuhüpfen, nachdem es den Stein aufgesammelt hat.

Es ist sehr interessant, dass das Himmel-und-Hölle-Spiel mit seinen zehn Kästchen den zehn Energiezentren (Sefirot) im Baum des Lebens der hebräischen Kabbala entspricht. Der Baum des Lebens ist eines der großen Mysterien in der esoterischen Philosophie. Es ist ein System oder ein Modell, um das spirituelle Dasein, das Leben auf der Erde und die Wunder der menschlichen Entwicklung zu verstehen und zu betrachten. Der Baum des Lebens steht mit den zweiundzwanzig Buchstaben des hebräischen Alphabets und den zweiundzwanzig Karten der Großen Arkana des Tarots in Verbindung.

Das Spiel "Himmel und Hölle" stellt den "Baum des Lebens" für das Kind dar. Es lehrt es Disziplin, Geduld, Konzentration, Koordination, Gelassenheit, Gleichgewicht, Zielorientiertheit und sogar elementare Mathematik. Es ist eine Sache für ein Kind, mit dem Verstand zu zählen, und eine andere, im Rahmen eines Spiels durch die Zahlen zu hüpfen und sie als wirkliches Spiel des Lebens zu erfahren.

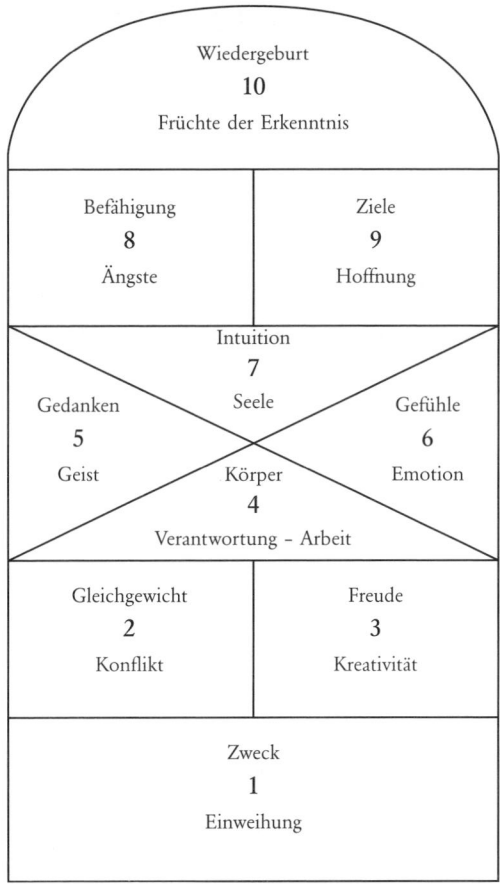

Legung "Himmel und Hölle"

Nachdem Sie die Karten fächerartig vor sich ausgebreitet haben, wählen Sie zehn beliebige Karten aus dem Deck aus und legen sie vor sich hin wie beim Himmel-und-Hölle-Spiel. Die Bedeutungen für jede Position sind in der Zeichnung angegeben.

Die Bedeutungen der Positionen entsprechen den Leitgedanken der ersten zehn Zahlen. Sie werden auch feststellen, dass, wie in dem

Legemuster "Der Regenbogen", ungewöhnliche Wechselbeziehungen zwischen den Positionen bestehen. So gleicht die Eins die Zehn aus, die Zwei enthüllt eine Verbindung zur Neun und die Drei zur Acht. In der Mitte der Legung "Himmel und Hölle" erfahren wir die vier Aspekte unseres zentralen Selbst – das physische, emotionale, mentale und spirituelle Universum, in dem wir leben. Die ersten drei Karten können für unsere eigene innere göttliche Dreieinigkeit stehen, und die letzten drei Bilder stehen für die dreieinige Synthese der Erfahrungen, die uns auf den äußeren Ebenen erwarten.

Die Wendeltreppe

Das Bild der Wendeltreppe findet sich im spiralförmigen Molekül der DNA, die den genetischen Code prägt, jene einmalige Blaupause, die einen Menschen unverwechselbar von allen anderen unterscheidet. In diesem Zusammenhang ist es faszinierend festzustellen, dass es sich bei den Bausteinen, die die DNA zur Bildung der menschlichen Proteine verwendet, um Aminosäuren handelt und dass es zweiundzwanzig Aminosäuren sind, die aktiv in jeder menschlichen Zelle arbeiten. Dies enthüllt vielleicht eine bisher unbekannte Verbindung zwischen den zweiundzwanzig Karten der Großen Arkana des Tarots, den zweiundzwanzig Buchstaben des hebräischen Alphabets und den zweiundzwanzig "Bausteinen" der DNA.

Die Wendeltreppe mag auch als Symbol für die Kundalinienergie stehen, die sich wie eine zusammengerollte Schlange am Wurzelchakra eines jeden Menschen befindet – jederzeit bereit, befreit zu werden und einem Menschen in einem Augenblick spiritueller Einweihung zur Erleuchtung zu verhelfen. Schließlich symbolisiert die Wendeltreppe auch die stufenweise Entfaltung unseres Lebens auf diesem Planeten.

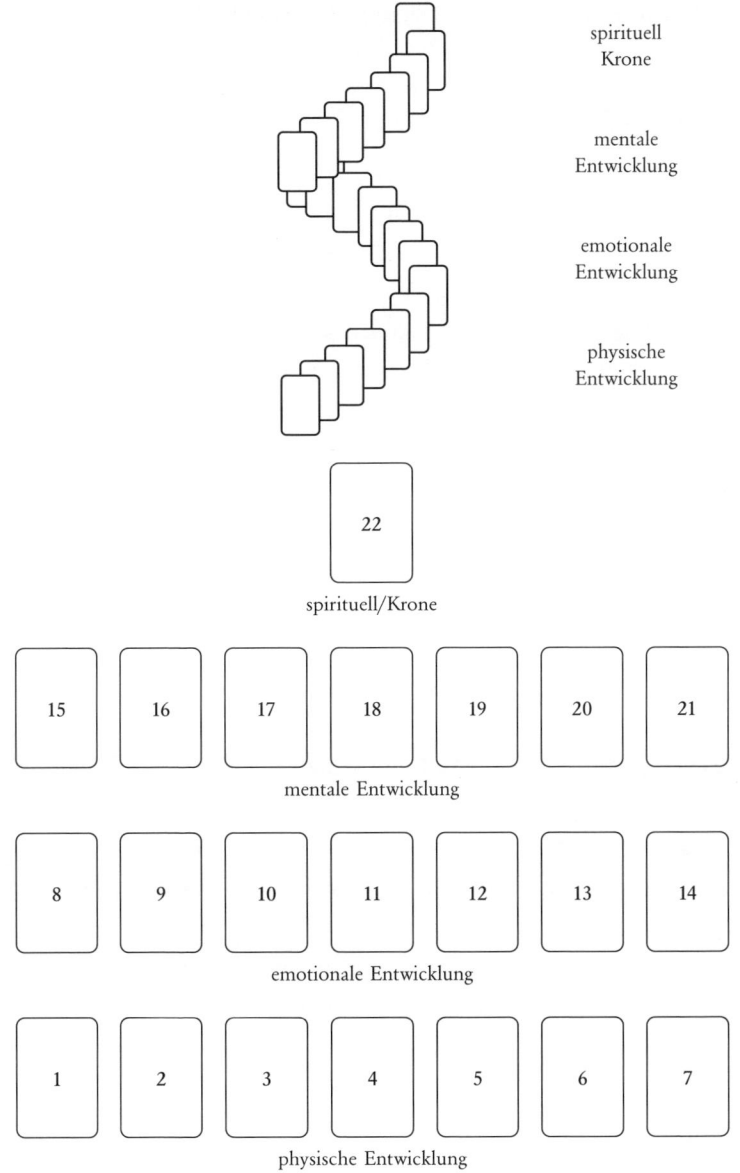

spirituell
Krone

mentale
Entwicklung

emotionale
Entwicklung

physische
Entwicklung

spirituell/Krone

mentale Entwicklung

emotionale Entwicklung

physische Entwicklung

Legung "Die Wendeltreppe"

Sie kann für die Entwicklung unseres reinkarnierten Selbst oder für die Fortschritte, die wir in einem Leben machen, stehen.

In unserer Version hat die Wendeltreppe zweiundzwanzig Stufen, und dieses Legemuster ist für einen Menschen geeignet, der die ersten zweiundzwanzig Jahre seines Lebens betrachten möchte. Jede Karte steht dabei für ein Jahr. Eine andere Möglichkeit dieses Legesystems ist die Anordnung von drei mal sieben Karten, wobei die letzte Karte über die oberste Reihe gelegt wird und praktisch die Synthese des gesamten Bildes darstellt. Auf diese Weise stehen die ersten sieben Karten für die physische Entwicklung, die nächsten sieben für das emotionale Wachstum und die restlichen sieben für die mentale Entwicklung. Die zweiundzwanzigste Karte ist der Zenit oder die Spitze, das spirituelle Leben, das den Sucher auf seinem Pfad anleitet.

Weil dieses System zweiundzwanzig Positionen hat, birgt es eine enorme Kraft in sich. Die Zahl zweiundzwanzig steht auch in Verbindung mit der 0 (die beiden Zahlen bedeuten Ende und Beginn der Großen Arkana), mit dem Planeten Uranus (dieser steht für Revolution, Veränderung, Intuition, Durchbruch) und mit der Fähigkeit, Brücken höheren Bewusstseins zu bauen, die die Persönlichkeit mit der Seele verbinden.

Wie bei den anderen Legemustern breiten Sie die Karten zunächst fächerförmig aus und wählen dann zweiundzwanzig aus dem gesamten Deck aus. Oder Sie nehmen nur die zweiundzwanzig Großen Arkana zur Hand, und nachdem Sie die Karten gemischt haben, legen Sie jede Karte der Großen Arkana als eine Stufe der Wendeltreppe aus. Jede Karte bedeutet eine gewisse Erfahrung oder Entdeckung in den ersten zweiundzwanzig Lebensjahren. Vergessen Sie nicht, dieses Muster aufzuschreiben oder die Deutung auf einem Tonträger mitzuschneiden, vor allem wenn es um ein neugeborenes Baby oder ein Kleinkind geht, das Führung braucht. Vielleicht legen

Sie die Legung "Die Wendeltreppe" am besten gemeinsam mit den Eltern eines Kindes, wobei jeder Elternteil elf Karten für das Kind auswählt. So wird diese Sitzung zu einer harmonischen Erfahrung für beide Elternteile.

- Teil 2 -
Die Großen Arkana

Einführung

Während wir uns nun den zweiundzwanzig Karten der Großen Arkana zuwenden, wollen wir kurz zusammenfassen, was wir bisher gelernt haben. Das System des Tarots ist ein Schlüssel, um die Geheimnisse der ewigen Weisheit zu entdecken. Jedes Deck, das entsteht, ist dabei ein Spiegel der Kultur, der Planetenbilder, Gesetze und Prinzipien seiner Zeit. Im kollektiven Unbewussten der Menschheit gibt es daneben verborgene Archetypen, die als Pfad durch die zweiundzwanzig Großen Arkana oder als Stationen des königlichen Weges und der spirituellen Entwicklung sichtbar und manifest gemacht werden können. Einer der wichtigsten Aspekte, wenn man Schüler eines höheren oder esoterischen Wissens sein möchte, ist die Fähigkeit, auf seinem individuellen Pfad des Schicksals zu bleiben. Jeder von uns hat eine besondere Aufgabe im Leben zu erfüllen, die sich im Laufe der Zeit zeigt. Die Karten der Großen Arkana, klug und intuitiv angewandt, helfen, die Bedeutung jenes Lebensziels und den stufenweisen Prozess zu enthüllen, durch den es sich entfaltet.

Das *Tarot für das innere Kind* erweckt die magischen Abenteuer des inneren Kindes zum Leben und lässt uns die verlorene Unschuld, Reinheit, Freude, die Fähigkeit zu staunen und die Liebe wiederentdecken. Wie bereits erwähnt, dienen bei den Großen Arkana Märchen und

Kindererzählungen dazu, die Botschaften der Karten zu veranschaulichen. Die Großen Arkana enthüllen den persönlichen Pfad, die Lektionen, die vor uns liegen, und die Herausforderungen und Chancen, die uns erwarten, wenn wir uns einem spirituellen Leben widmen.

Bei der Zahl der Großen Arkana taucht eine Frage auf. Warum zweiundzwanzig? Da wir nicht genau wissen, wann das Tarot entstanden ist und wer das System geschaffen hat, können die folgenden Gedanken nur Vermutungen sein. Wenn wir uns den Kosmos und das Sonnensystem anschauen, erkennen wir acht Planeten, die Sonne und den Mond sowie zwölf Tierkreiszeichen. Wenn man dies alles zusammenzählt, erhält man zweiundzwanzig himmlische Einflüsse - einen für jede Karte der Großen Arkana. Viele Forscher haben auch das bildnishafte hebräische Alphabet mit den zweiundzwanzig Buchstaben mit den Karten der Großen Arkana des Tarots in Verbindung gebracht, und es gibt sicherlich eine starke Verbindung zwischen diesen alten Buchstaben und den Symbolen oder Archetypen der zweiundzwanzig Karten des Tarots.

In zwei weiteren Bereichen finden wir die Zahl zweiundzwanzig als dynamische Ausdrucksform: Das Buch der Offenbarung, mit dem das Neue Testament der Bibel endet, hat zweiundzwanzig einzelne Kapitel; und es gibt zweiundzwanzig unterschiedliche Bausätze (Aminosäuren), die den genetischen Code bilden. Das bedeutet also: Die geheimnisvolle Macht der 22 existiert in der Welt der Astrologie, der Literatur, der Religion und der Wissenschaft. In der Numerologie steht die 22 für die "Meisterschwingung" - es ist eine Art Brücke zwischen den menschlichen und spirituellen Ebenen. Und genauso funktionieren auch die Großen Arkana mit ihren zweiundzwanzig Karten auf beeindruckende Art und Weise.

Es ist daneben wichtig zu betonen, dass die zweiundzwanzig Karten als Kreis oder Spirale erdacht wurden. Versuchen Sie, sich von der gängigen Vorstellung, nach der wir uns die zweiundzwanzig Karten nebeneinander aufgereiht vorstellen, zu lösen. ROTKÄPPCHEN (DER NARR, 0, auf der Reise des Lebens, Gottes heiliger Narr, das Ei, der Kreis der Ganzheit) steht für das Kind in uns, das alle einundzwanzig Abenteuer des menschlichen Lebens erlebt und die Erfahrung macht, die in der einundzwanzigsten Karte (DAS KOSMISCHE KIND) zum Ausdruck kommt: Sie zeigt ein Kind im kosmischen Schoß, das auf seine Wiedergeburt wartet. Die Karte ROTKÄPPCHEN ist der Beginn der Großen Arkana, und DAS KOSMISCHE KIND bildet ihr Ende. Sie sind miteinander verbunden und bilden den Rahmen für die zweiundzwanzig Karten. Andere, die das Tarot untersucht haben, einschließlich P. B. Ouspensky, haben den dreifachen Kreis mit jeweils sieben Karten in den Großen Trümpfen und die übrig bleibende Karte (DER NARR) betont. Dies könnte sich auf die drei siebenjährigen Phasen des Wachstums – von eins bis sieben (physisch), von acht bis vierzehn (emotional) und von fünfzehn bis einundzwanzig (mental) – beziehen, wobei das Alter von zweiundzwanzig eine Art Deckstein der menschlichen Pyramide darstellt sowie den Beginn der spirituellen Reise.[3]

Die folgende Tabelle wird Ihnen helfen, die besonderen Verbindungen zwischen einigen der Großen Trümpfe zu erkennen. Die Karten II, XI und XX stehen beispielsweise mit der Qualität und Essenz der Zahl 2 in Verbindung. Die Karten III, XII und XXI haben alle eine Beziehung zueinander, weil sie eine Verbindung zu der Zahl 3 haben und so weiter.

Es gibt daneben noch weitere Beziehungen, die auf den Bildern der Märchen beruhen. So stehen die Karten ROTKÄPPCHEN, DER GROSSE BÖSE WOLF und DIE DREI SCHWEINCHEN alle miteinander in Verbindung, weil in allen der Wolf auftaucht. Wenn zwei oder drei dieser Karten in einem Muster auftauchen, muss die Bedeutung des Wolfs sehr genau analysiert werden. Die Karten MUTTER GANS und HANS UND DIE BOHNENSTANGE haben etwas miteinander zu tun, weil beide, die Gans und die Henne, goldene Eier legen. Die Karten

DIE FEENKÖNIGIN und ASCHENPUTTEL sind Teil desselben Märchens, weshalb die beiden Karten eine Verbindung zueinander haben. Wenn Sie mit dem Deck arbeiten, werden Sie selbst noch viele weitere ungewöhnliche Kombinationen entdecken ...

Die Großen Arkana

Nr.	Bezeichnung der Karte	astrolog. Entsprechung	Hauptthema
0	Rotkäppchen	Uranus	das innere Kind
I	Aladin und die Wunderlampe	Merkur	das schöpferische Kind
II	Die Feenkönigin	Mond	Hüterin der Weisheit
III	Mutter Gans	Venus	Mutter
IV	Des Kaisers neue Kleider	Widder	Vater
V	Der Zauberer	Stier	Einweihung
VI	Hänsel und Gretel	Zwillinge	physische Einheit
VII	Peter Pan	Krebs	emotionale Einheit
VIII	Die Schöne und das Biest	Löwe	geistige Einheit
IX	Schneewittchen	Jungfrau	spirituelle Einheit
X	Alice im Wunderland	Jupiter	Rad des Lebens
XI	König Midas	Waage	kosmisches Gleichgewicht
XII	Hans und die Bohnenstange	Neptun	Opfer (Weihe)
XIII	Dornröschen	Skorpion	Tod/Schlaf
XIV	Der Schutzengel	Schütze	Schutz (Höheres Selbst)
XV	Der große böse Wolf	Steinbock	der eigene Schatten
XVI	Rapunzel	Mars	Läuterung
XVII	Der Zauberstern	Wassermann	die Seele im Inneren
XVIII	Aschenputtel	Fische	Träume/Visionen
XIX	Die gelbe Ziegelsteinstraße	Sonne	das kosmische Selbst
XX	Die drei Schweinchen	Pluto	Ruf zur Wiedergeburt
XXI	Das kosmische Kind	Saturn	das reifende Kind

Die in der rechten Spalte kurz angegebenen Hauptthemen sind ein Vorschlag, wie man die Großen Arkana sehen kann. Die Karte ROTKÄPPCHEN (0) steht für den kindlichen Geist, der neun Lektionen zur Entwicklung seiner Beziehung zu sich selbst und zu anderen lernen muss, was in der spirituellen Verbindung und dem Dienst an der Menschheit die Karte SCHNEEWITTCHEN (IX) gipfelt. Dies führt zu ALICE IM WUNDERLAND (X), die für das sich drehende Rad des Lebens, für Karma, Hochs und Tiefs im Leben und die Reinkarnation steht. Mit den Karten KÖNIG MIDAS (XI) und HANS UND DIE BOHNENSTANGE (XII) trifft das Kind beziehungsweise der Seelensucher Vorbereitungen für den Schlaf, der in der Karte DORNRÖSCHEN (XIII) als Tod angesehen wird. Die Karten XIV bis XIX beziehen sich auf die verschiedenen spirituellen Erfahrungen und Abenteuer, auf die die menschliche Seele im Jenseits trifft. Dann kommt der "Ruf zur Wiedergeburt" oder die Entscheidung, auf die Erde zurückzukehren, die in der Karte DIE DREI SCHWEIN-CHEN (XX) ausgedrückt wird. Schließlich zeigt die Spielkarte DAS KOSMISCHE KIND (XXI) die menschliche Seele im Embryostadium, die im Schoß des Sonnensystems reift, bereit und begierig, als DER NARR (0, ROTKÄPPCHEN) eine neue Runde auf der Erde zu beginnen.

Die Karte ROTKÄPPCHEN steht auch für den Geist des Kindes; sie bildet eine Brücke zu den Kleinen Arkana und zu den traditionellen Hofkarten. Wenn die Großen Arkana für den zweiundzwanzigstufigen Pfad der menschlichen Erleuchtung stehen, dann bedeuten die sechsundfünfzig Karten der Kleinen Arkana die vier Welten des Lebens (die physische, emotionale, mentale und spirituelle) und die Kenntnisse oder höheren Ebenen innerhalb dieser Bereiche (die sechzehn Hoffiguren). Wenn die Karte ROT-KÄPPCHEN neben irgendeiner anderen Karte in einem Legebild erscheint, so ist dies ein Zeichen dafür, sich alle ausgelegten Bilder zu Herzen zu nehmen und eingehend zu studieren. In der Spielkarte ROTKÄPPCHEN verborgen ist der himmlische Blitz, das plötzliche Erwachen, der Donnerschlag göttlicher Macht und die Erleuchtung.

Rotkäppchen

Das klassische Märchen von Rotkäppchen ist eine Geschichte über kindliche Unschuld, Neugier, die Aufregung vor einer Reise, über Versuchung und die ersten Stufen auf dem Weg zur Persönlichkeit.

Von ihrer Mutter zur Hütte der Großmutter geschickt, wird Rotkäppchen ein Korb mit Köstlichkeiten ausgehändigt mit der Ermahnung, nur ja auf dem Weg zu bleiben und die Gefahren des Waldes zu meiden. Als naives und furchtloses Kind ist die Kleine neugierig auf die Welt. Offen und unschuldig hat sie noch keine Ahnung von den dunklen Kräften, die bereitstehen könnten, sie vom Weg und von ihrem Ziel abzubringen.

Auf dem Weg zum Haus der Großmutter trifft Rotkäppchen den großen bösen Wolf und erzählt ihm, den Rat der Mutter vergessend, von ihrer Reise. Der Wolf ermutigt sie, in den Wald hineinzugehen. Sie folgt seinem Rat und weicht vom Weg ab, um für die Großmutter Blumen zu pflücken. Zwischenzeitlich läuft der Wolf zur Hütte der Großmutter, verschlingt die alte Frau und legt sich ins Bett, um auf Rotkäppchen zu warten. Kurz vor Ende des Märchens kommt Rotkäppchen ins Haus und wird ebenfalls vom Wolf, der vorgibt, die Großmutter zu sein, gefressen. Als der Wolf nach dem Mahl ausruht, betritt ein Jäger die Hütte, schneidet den Wolf auf und befreit Rotkäppchen und die Großmutter. In der Tat werden sie neu geboren, und der Bauch des Wolfes wird mit Steinen gefüllt und er ins Wasser geworfen, so dass er schließlich ertrinkt. In anderen Versionen der Geschichte trifft Rotkäppchen mehrmals auf den Wolf und lernt, ihn auszutricksen.

Rotkäppchen hat seinen Namen erhalten, weil die Großmutter ihm eine rote Samtkappe genäht hat, als es noch sehr klein war. Das Kind liebte diese Kappe so sehr, dass es sie ständig trug, und jeder nannte es Rotkäppchen. Da Rot eine Farbe ist, die für Willenskraft und Feuer steht, symbolisiert die rote Kappe das Anfangsstadium eines spirituellen Abenteuers und eine große mentale Kraft. In den traditionellen Tarotdecks ist diese Karte DER NARR, der eine besondere Kappe oder Mütze trägt, die für die Präsenz göttlichen Bewusstseins steht.

Der Wolf, der in den Wäldern herumlungert, symbolisiert den dunklen, nichtintegrierten Aspekt des Bewusstseins und die Versuchung, vom rechten Pfad im Leben abzuweichen. Er steht für die unsozialen Tendenzen in uns und taucht in verschiedenen Verkleidungen in den Großen Arkana auf – als böse Hexe, als gemeine Königin oder als furchterregender Riese. In Tochter, Mutter und Großmutter sehen wir das alte Prinzip der dreifachen Göttin – das junge Mädchen, die Mutter und das alte Weib.

In gewisser Weise stellt diese Karte auch eine Synthese der gesamten Großen Trümpfe dar, da Rotkäppchen für den kindlichen Geist in uns steht, der auf der Straße des höheren Bewusstseins reist. Rotkäppchen wird von der Erdenmutter geschickt, um mit der Großmutter der universellen Weisheit vereint zu werden. Auf dem Weg dorthin ist sie den Launen des Lebens ausgesetzt und lernt aus ihren Fehlern und ihrem Versagen. Der Jäger, der Rotkäppchen und der Großmutter zur Neugeburt verhilft, symbolisiert die Menschheit, die die Seele des Einzelnen befreit und es ihr ermöglicht, der spirituellen Hierarchie des Planeten zu folgen.

Wenn diese Karte in Ihrem Legemuster erscheint, machen Sie sich auf ein Abenteuer gefasst. Öffnen Sie sich dem weiten Horizont des Unbekannten, und seien Sie zu Risiken bereit. Überschreiten Sie die Grenzen, die die Gesellschaft gesetzt hat. Vielleicht fühlen Sie sich vorübergehend verloren in der Dunkelheit und haben das Gefühl, als würde die Leere Sie in den luftleeren Raum ziehen. Trauen Sie sich dennoch hinein - und werden Sie wiedergeboren! Betrachten Sie das Leben als ein Glücksspiel, als eine Gelegenheit zu spielen. DER NARR läutet oft einen großen inneren Wandel ein, und durch den Prozess der Wiedergeburt können Ihr Genius und Ihre Intuition erwachen.

Sie sollten helle Kleidung tragen. Vergnügen Sie sich! Lassen Sie die Magie und die Freude des Lachens Ihre Tage erfüllen! Spüren Sie das Wunder des Lebens um sich herum!

Archetyp im traditionellen Tarot: DER NARR
Beherrschender Planet: Uranus

Aladin und die Wunderlampe

Die Geschichte von Aladin und der Wunderlampe beschreibt das erste Abenteuer eines Kindes in einer Welt geistiger Macht. In dieser Geschichte wird Aladin von einem Zauberer in einen unterirdischen Garten geschickt, um eine alte Lampe zu holen. Er bekommt einen magischen Ring, der ihm auf der Reise helfen soll. Aladin findet die Lampe, kann aber den Garten nicht verlassen. Zufällig reibt er den Ring, und ein Zwerg erscheint, der ihm mehrere Wünsche gewährt. Der Junge wünscht sich nach Hause zurück, und der Wunsch geht unmittelbar in Erfüllung. Als seine Mutter die Lampe in die Hand nimmt, um sie zu verkaufen und von dem Erlös Essen kaufen zu können, reibt sie diese zufällig, und ein größerer Zwerg erscheint. So beginnt die erstaunliche Odyssee und die Suche nach Erleuchtung auf dem Pfad von Gut und Böse. Am Ende des Märchens ist Aladin mit einer Prinzessin verheiratet und hat durch Geschicklichkeit und Einfallsreichtum gelernt, den Zauberer auszutricksen, der versucht hat, die Lampe für seine eigenen dunklen Zwecke zu stehlen.

Im Wesentlichen ist die Zauberlampe ein Symbol für den erleuchteten Geist, der durch einen Dschinn, der für die Kräfte der spirituellen Welt steht und dem "genialen" Potenzial in jedem Kind entspricht, überstrahlt wird; das Wort "Genius" kommt aus dem Lateinischen und bedeutet "Schutzgeist". Die Wunderlampe symbolisiert auch die erwachende Kraft der Phantasie eines Kindes, seine Imaginationskraft erwacht, und dieser Aspekt des Geistes wird zum Spielplatz von Märchen, Mythen und den Sprachen alter Kulturen. Imagination trägt in sich die Worte *imago* (Bild) und *Magie* – wobei der letztgenannte Begriff aus dem Altpersischen kommt und "Seher" oder "Zauberer" bedeutet.

Aladin steht für jedes Kind, das sich bemüht, die Magie der Worte, Wünsche und Sprache sowie die Kommunikation mit der Welt draußen zu erlernen. Der Genius, der in dem Märchen in der Lampe und in einem "unterirdischen" Garten lebt, ist ein Symbol für die unbewusste Lebenskraft eines Kindes. Indem das Kind den Genius nach seinen Wünschen handeln lässt, entdeckt es die magischen Verbindungen zwischen Denken, Worten, Taten und Ergebnissen.

Der Genius kann auch als der Schutzengel der Kindheit, des reinen Geistes, angesehen werden – eine Präsenz, die das Kind zu Selbstbeherrschung und Ich-Bewusstsein führen möchte. Mit diesem Bewusstsein lernt das Kind, den Geboten des vom Geist erleuchteten Verstandes oder des Unbewussten (das Genie und die Lampe) zu folgen, schöpferisch zu sein und diese Kraft nach außen zu manifestieren. In der Karte schaut der Junge auf die Lampe, ein Schwert, einen Stab und einen Altar mit Kristallen, der für die vier elementaren Kräfte der Natur steht – Feuer, Erde, Wasser, Luft –, die er als Werkzeuge nutzt, um auf den Pfad der Selbstverwirklichung zu gelangen. Das Bücherregal hinter ihm deutet auf die Anwesenheit von Merkur hin, der der geflügelte Bote der Götter ist.

Wenn diese Karte in Ihrem Legesystem auftaucht, sollten Sie darauf achten, dass Sie aus jedem Gedanken, jedem Wort und jeder Tat Ihre eigene Realität schaffen. Anstatt analytisch zu denken, sollten Sie Ihren kreativen Genius aktivieren. Erkennen Sie die Macht der Affirmation und die Notwendigkeit, sich vor negativen Gedanken in der psychischen Atmosphäre zu schützen. Denken Sie daran: Gegenstände und Menschen zu "benennen", ist eine magische Kunst. Jeder Name ist aus Buchstaben zusammengesetzt, und jeder Buchstabe trägt eine numerische und spirituelle Schwingung. Die Abrakadabras und Sesam-öffne-Dichs der Kindergeschichten beschreiben, wie es ist, Worte als Mantren der Kraft oder Sätze der Verzauberung zu verwenden. Bedenken Sie, wenn der Dschinn erst einmal aus der Flasche gekommen ist, besteht immer die Gefahr, die Kraft zu missbrauchen. Sein Auftauchen kann aber auch zu einem großen Abenteuer der Bewusstwerdung und des geistigen Wachsens führen. Möge das Licht der Unschuld und Imagination Ihre Leidenschaft zu lernen neu entfachen.

Archetyp im traditionellen Tarot: DER MAGIER
Beherrschender Planet: Merkur

Die Feenkönigin

Was DIE HOHEPRIESTERIN im traditionellen Tarot ist, ist DIE FEENKÖNIGIN im *Tarot für das innere Kind*. Auch wenn sie in dem Märchen "Aschenputtel" der Gebrüder Grimm nicht die Hauptrolle spielt, so hat sie dank der Bearbeitung der Geschichte durch Walt Disney doch wieder ihren Platz einnehmen können.

In mehreren Volksballaden wird die Feenkönigin "Königin des Himmels" genannt. Walisische Feen waren bekannt als "Mütter" oder "Segen der Mütter", und Bauern nannten die Feen "Feenköniginnen" oder "gute Damen". Ihnen zufolge konnte eine Fee einen Menschen in ein Tier oder einen Stein und wieder zurück verwandeln. In Aschenputtel geschieht der Zauber so: Die Tiere werden in menschliche Helfer verwandelt, bis der Zauber um Mitternacht bricht. Im Märchen Aschenputtel steht der Haselnussstrauch – der aus einem Zweig auf dem Grab von Aschenputtels Mutter wuchs – für die wiedergeborene Mutter oder den magischen Helfer.

Die Legende vom Haselbusch erzählt, wie die heilige Muttergottes im Wald Erdbeeren sucht, um das Christuskind zu füttern. Als sie sich bückt, springt eine Schlange aus dem Gras. Die Muttergottes flieht zu einem Haselnussbaum und versteckt sich hinter ihm, und die Schlange kriecht davon. Seitdem haben Haselnusszweige immer als Schutz gegen gefährliche Tiere gedient. Der Haselnussbaum steht daneben für die elementare Lebenskraft, die unzerstörbar ist.

Es ist die Kraft des Schutzes, die in jeder menschlichen Seele gepflanzt werden und Wurzeln schlagen kann.

Wir tragen unsere Hohepriesterin oder Feenkönigin in uns, und wir ehren sie im Tiefsten unserer Seele. Sie verbindet sich mit unserer Weisheit, je mehr Vertrauen wir in den Geist des ewigen und unleugbaren Schutzes durch das Universum gewinnen. Im alten Tarot ist DIE HOHEPRIESTERIN die geheimnisvolle Lehrerin, die Päpstin, die den Schlüssel zu den Toren unseres inneren Heiligtums in Händen hält - sie ist unsere angeborene Weisheit, Intuition und andachtsvolle Achtung für alles Leben. Im alten Ägypten nannte man sie Isis, und sie stand mit den Rhythmen und Zyklen des Mondes in Verbindung.

Die Feenkönigin ist eine Zauberin, die heilige oder geheiligte Mutter der alten Mysterien. Sie führt uns zu dem, was wir meinen, nicht zu wissen oder nicht ausdrücken zu können. Sie bietet das angeborene Wissen dar, an das wir glauben können - sei es in Wundern oder in der Magie oder in unserer göttlichen Intelligenz. Sie bietet uns die Gaben des Geistes: innere Führung und universelle Liebe.

Wenn diese Karte in Ihrem Legemuster auftaucht, kennt Ihr Höheres Selbst die Antwort. Hören Sie auf Ihre Intuition, und entwickeln Sie Vertrauen. Haben Sie Mitgefühl für die Kinder der Welt und jene, denen die spirituelle Kraft fehlt.

Die Zahl 2 steht für das Gleichgewicht zwischen den spirituellen und physischen Bereichen. Es ist auch das Gleichgewicht zwischen dem inneren und äußeren Weg. Es ist eine Zahl, die für Emotionen und Sensitivität steht.

Zwei bekannte Feenköniginnen - im "Zauberer von Oz" und im Märchen von "Aschenputtel" - tauchen in Zeiten der Not, der Krise auf. Die Feenkönigin hilft Ihnen ... sie erinnert Sie aber auch an die Reise, die vor Ihnen liegt, und an die Notwendigkeit, mit der Seelenarbeit fortzufahren und sie zu vollenden.*

Archetyp im traditionellen Tarot: DIE HOHEPRIESTERIN
Beherrschender Planet: Mond

---

* Anmerkung: Zwischen der Karte der FEENKÖNIGIN (II) und der von ASCHEN-PUTTEL (XVII) gibt es eine enge und wichtige Verbindung. Beide sind nicht nur Teil derselben Geschichte, sondern die Karte ASCHENPUTTEL wurde im traditionellen Tarot DER MOND genannt, und der Mond ist der Planet, der mit der FEENKÖNIGIN in Verbindung steht.

Mutter Gans

Mutter Gans trägt einen spitzen Hut, ähnlich einer ägyptischen Krone, denn die Geschichte um Mutter Gans hat ihren Ursprung im alten Ägypten, wo sie Mutter Hathor war, inkarniert in der Gans vom Nil. Sie legte das goldene Ei der Sonne, was eine andere Möglichkeit war auszudrücken, dass sie Ra, den Sonnengott, geboren hatte. Die Sonnenscheibe wurde manchmal auch Gänseei genannt. Die Nilgans wurde als Schöpferin der Welt angesehen, weil sie das ganze Universum in einem Ur-Ei, dem Weltenei, hervorgebracht hat. Venus, die Herrscherin sowohl der traditionellen Tarotkarte DIE KAISERIN als auch die der Karte MUTTER GANS, wurde in alten Zeiten als Kuh oder als Bulle dargestellt (das Sternzeichen Stier wird von der Venus beherrscht). Oft wurde die Göttin Venus zudem als "die große Kuh, die die Sonne gebiert" angesprochen. Nach Orpheus brachte die große Göttin der Dunkelheit oder Mutter Nacht als Erstes das Weltenei hervor: den Mond. Das ist im Übrigen der Hintergrund des Kinderreims "Die Kuh sprang über den Mond".

Mutter Gans ist eine Verkörperung der Erdenmutter, die jeder menschlichen Seele die Fülle des Lebens bietet, und das alte ägyptische Symbol für das Weltenei war dasselbe wie das für den Embryo im Schoß einer Frau. Mutter Gans bringt uns Reim und Rätsel sowie die klangvollen, humorvollen und tiefen Geheimnisse, die im Herzen eines Kindes leben. In gewisser Weise ist sie die

"Gebärerin" unseres essenziellen mentalen Bewusstseins (das strahlende Licht der Sonne) und unserer Gefühle und Emotionen (das reflektierte Licht des Mondes). Die Karte MUTTER GANS nimmt im *Tarot für das innere Kind* den Platz DER KAISERIN ein und lässt uns im Einklang sein mit der gesamten Welt und allen Reichen der Natur. Sie weckt unsere Liebe zu Blumen, Gräsern, Bäumen, Vögeln, Tieren, Felsen, Edelsteinen und zu der Muttererde selbst. Wenn wir eins sind mit ihr, sind wir eins mit der Lebenskraft des Kosmos.

Wenn diese Karte in Ihrem Legemuster auftaucht, sollten Sie sich für Ihr Potenzial, das sie von Geburt an haben und das tief in Ihrem Inneren verborgen liegt, öffnen. Das Ur-Ei wird dann ausgebrütet, und ein neues Leben und generell Neubeginn stehen an. Achten Sie auf Ihre Träume, die wichtige Botschaften für Sie bereithalten, und spüren Sie die Fülle des Lebens in Ihrem Herzen. Erfahren Sie die Freude der sinnlichen Berührung, und lassen Sie die heilenden Kräfte des Pflanzenreichs in Ihrem Energiekörper arbeiten. Machen Sie sich bewusst, dass jedes Chakra oder Zentrum in Ihrem ätherischen Körper wie ein Ei ist, das darauf wartet, aufzubrechen und seinen spirituellen Glanz zu enthüllen. Die Karte MUTTER GANS will Ihnen die Fülle des Lebens nahebringen ... sie bietet Ihnen ein Ei, in dem das ganze Universum schlummert.*

Archetyp im traditionellen Tarot: DIE KAISERIN/
DIE HERRSCHERIN
Beherrschender Planet: Venus

Anmerkung: Da die Henne in der Geschichte von "Hans und die Bohnenstange" die goldenen Eier legt, besteht eine besondere Beziehung zwischen den Trumpfkarten III und XII. Außerdem ergibt die Zahl 12 in der Quintessenz die Zahl 3.

Des Kaisers neue Kleider

Ein Kaiser baut und erbaut (Qualitäten, die mit der Zahl 4 zu tun haben) mit dem Wunsch, irdische Macht zu erreichen. Dieser Wunsch ist Teil eines jeden von uns, und er muss durch den schöpferischen Segen der Karte DIE KAISERIN vervollständigt werden. Die Ernte des Lebens hängt von den natürlichen Gesetzen ab – nicht von politischen, zweckdienlichen oder von Menschen gemachten Regeln, die dem Reich DES HERRSCHERS angehören.

Wenn DER KAISER die Verbindung mit der nährenden Gegenwart von MUTTER GANS (DIE KAISERIN) verloren hat, weist diese Karte auf eine Gefahr hin. Es ist immer MUTTER GANS, die DEM KAISER auf dem Thron Gleichgewicht, Frieden und Schönheit bringt, der für die Macht der materiellen Welt und für Reichtümer steht, die von den vier Ecken des Globus angesammelt worden sind.

Wenn ein Herrscher sich zu sehr in seinem Gefühl der Macht und in der materiellen Welt verliert, wird er zum gefährlichen bis verrückten Repräsentanten der Menschheit. Das Märchen "Des Kaisers neue Kleider" ist ein hervorragendes Beispiel für diese Torheit. Zwei windige Schneider tricksen den Kaiser aus, indem sie nur vorgeben, ihm für viel Geld neue Kleider zu schneidern. Ihm erzählen sie, dass nur besondere Menschen diese speziellen Kleider sehen könnten. Der Kaiser, der sie natürlich nicht sehen kann, will sich keine Blöße geben und erscheint nackt, ohne seine Kleider – das Symbol für die materielle Welt –, weil er die Verbindung zur Realität verloren hat. Seine Untertanen geben ebenfalls vor, die Kleider sehen zu können, da jeder zum erlauchten Kreis der Auserwählten zählen möchte, und erst ein Kind mit der Unschuld eines reinen Herzens zeigt auf den Kaiser und macht den Menschen dieses Zerrbild eines Herrschers und die Peinlichkeit bewusst. Das Kind steht für den vorbehaltlosen Teil der Seele, der immer noch der Wahrheit und der Ordnung im Einklang mit der Natur die Ehre erweist.

Wenn sich der Kaiser und seine Kaiserin einig sind, ist das Potenzial für das Wachsen der kosmischen Kraft und der Spiritualität auf der höchsten Ebene vorhanden, denn die gegenseitigen Pole von Mann und Frau werden harmonisiert und arbeiten im Einklang miteinander. Jede dieser Polaritäten lebt in uns, und wir sollten beide Pole lieben und ihnen Rechnung tragen – auch wenn dies in den letzten zwei- bis dreitausend Jahren versäumt wurde.

Es ist wichtig zu erkennen, dass DIE KAISERIN (MUTTER GANS) DEM KAISER auf der Reise des Narren, das heißt auf dem Weg der Selbstverwirklichung durch die Großen Arkana, vorangeht. In früheren asiatischen Kulturen hing die Wahl eines Königs von dessen Wahl seiner Frau ab. Die Heirat mit der irdischen Vertretung der Göttin in Gestalt einer Königin war wichtig, um die Position eines Königs einnehmen zu können. Das war die ursprüngliche Bedeutung der "heiligen Ehe": Eine Vermählung mit der empfangenden, weiblichen Energie (die Zahl 3, die Erdspirale) ist für die geordnete, männliche Seite (die Zahl 4, konstruktive Kraft) erforderlich, um Gesetze auf der Basis von Weisheit und Liebe zu erschaffen.

Wenn diese Karte in Ihrem Legemuster auftaucht, sollten Sie sich bewusst machen, dass wir alle auf der Vergangenheit aufbauen. Wir gehen auf der Basis der Weisheit, die wir gewonnen haben, in die Zukunft. DIE KAISERIN ist die Weisheit des Lebens, DER KAISER die Anwendung jener Weisheit in dem Versuch, eine bessere Welt zu schaffen. Er steht für die Begrenzungen der Zeit und die Bereiche Ordnung und Gesetz. Die Karte DER KAISER kann Blindheit, dummes Verhalten und selbstzerstörerische Tendenzen bedeuten oder aber das plötzliche Erwachen des Einsseins, der Gnade und der spirituellen Schätze, die in der materiellen Welt verborgen liegen.*

Archetyp im traditionellen Tarot: DER KAISER/
DER HERRSCHER
Beherrschendes Tierkreiszeichen: Widder

_____

* Anmerkung: Es besteht eine direkte Verbindung zwischen der Karte DER KAISER (IV) und dem König bei DORNRÖSCHEN (XIII), der dummerweise vergessen hat, die dreizehnte (böse) Fee für das Fest zu Ehren seiner Tochter einzuladen. Diese Beziehung zwischen den Karten wird auch offensichtlich, weil die Zahl 13 von Dornröschen auf 4 reduziert werden kann, was auf die Karte DER KAISER hinweist.

Der Zauberer

Im traditionellen Tarotdeck ist die fünfte Karte der Großen Arkana DER HIEROPHANT, oft als strenger Herrscher der Kirche und als kalte Gestalt dargestellt, der die christlichen Lehren auf unserem Planeten verankert. Er besitzt die geheimnisvollen Schlüssel zu Himmel und Erde. Im zwanzigsten Jahrhundert haben einige Gestalter von Tarotdecks dieser Figur einen neuen Namen gegeben: Er wurde nun als Hohepriester bezeichnet. Dadurch ist diese Karte mit den Hohepriestern Ägyptens und denen anderer alter Kulturen verbunden, die eine besondere und sehr strenge Ausbildung erhielten, um Schülern auf dem spirituellen Weg als Lehrer zu dienen. Viele esoterische Schriftsteller haben auf einen mysteriösen Hierophanten hingewiesen, der in der Großen Pyramide vor Tausenden von Jahren Neophyten eingeweiht hat. Plato und selbst Jesus sollen solch ein magisches Erlebnis gehabt haben.

Im *Tarot für das innere Kind* ist aus diesem Archetyp die Karte DER ZAUBERER geworden, der nicht nur zum Einweihenden und Oberpriester wird, sondern auch zum freundlichen, einfühlsamen und mitfühlenden Lehrer. Aus unserer Kindheit verbinden wir mit dieser Gestalt vielleicht mehrere Bilder. Da gibt es zum einen den Zauberer von Oz, einen Schwindler, der sich hinter einem Vorhang versteckt. Es gibt es auch den Zauberer, in dessen geheimen Räumen Micky Mouse in Walt Disneys *Fantasia* arbeitet, und dann gibt es natürlich auch noch Merlin, den Führer und spirituellen Lehrer des jungen Königs Arthur.

Die Gestalt jedoch, die den Qualitäten des Zauberers in diesem Deck am ehesten entspricht, ist der Zauberer Gandalf aus J. R. R. Tolkiens *Herr der Ringe*, der aus den drei Bänden *Die Gefährten*, *Die zwei Türme* und *Die Rückkehr des Königs* besteht. Diese Trilogie hat Kinder wie auch Erwachsene seit Jahrzehnten begeistert.

Es ist eine durch und durch magische und faszinierende Geschichte, die uns mit den Bewohnern der Mittelwelt bekannt macht: Hobbits, Zwergen, Elfen, Ents (Baumwesen), den Neun Nazgul oder Schwarzen Reitern, den Orks, den Palantiri (den sieben sehenden Steinen), Schlangen, Monstern, dem Zauberer Gandalf, dem dunklen Lord Sauron und vielen anderen. Weil die ganze Geschichte zu lang ist, um sie wiedergeben zu können, hier eine Kurzfassung: Es geht darum, den Einen Ring zu zerstören, der seinen Besitzer heimtückisch beherrschen kann und der auch Macht über andere Ringe hat, die die Zwerge, Menschen und Elfen unter der Zaubermacht von Lord Sauron halten sollen. Frodo, ein beliebter Hobbit, wird zum ersten Ringträger. Er und seine Begleiter bilden eine Gemeinschaft, um den Ring in das Schattenland von Mordor zurückzubringen, wo er zerstört werden soll, um die fatale Auswirkung des Rings auf das Leben in Mittelerde zu beenden.

Gandalf spielt - mit dem Schwert Glamdring und dem Pferd Schattenfell - die Rolle des weisen Zauberers, Magiers, spirituellen Lehrers und Führers für Frodo und die Hobbits. Er bedeutet Niederlage und Vergeltung für Sauron. Gandalf, als Bote der göttlichen Bewusstheit, die Mittelerde überstrahlt, warnt Frodo - der für den kindlichen Geist auf dem Weg des Lebens steht - vor der schändlichen Macht, die in dem Einen Ring enthalten ist. Er erzählt Frodo, wie der Ring seinen Träger verderben und verführen und dessen Persönlichkeit negativ beeinflussen kann, bis er zum Vehikel und Werkzeug des dunklen Lord Sauron wird.

Die Beziehung zwischen Frodo und Gandalf ist ein eindeutiges Beispiel für die moderne Beziehung zwischen Schüler und Lehrer, Kind und weisem Älteren. Eine der wichtigsten Lektionen, die Frodo lernt, ist, dass wahre spirituelle Kraft nicht in dem Einen Ring liegt, sondern im Ring der Gemeinschaft – dem Kreis von Freunden, Menschen, die wir lieben, und Gefährten auf dem Pfad des Lebens. So steht der *Herr der Ringe* für die Bedeutung des Gruppenbewusstseins und für die Schönheit des gemeinschaftlichen Lebens, das im Zeitalter des *New Age* am Horizont für die Menschheit aufdämmert.

Wenn diese Karte in Ihrem Legebild auftaucht, ist ein spiritueller Lehrer auf den Plan getreten. Wer inspiriert Sie gerade? Gibt es ein neues Gebiet, mit dem Sie sich beschäftigen möchten? Schauen Sie sich Bereiche wie Musik, Kunst, Literatur, Philosophie, Religion, Geschichte und Natur als Wege zu höherem Wissen an. Bauen Sie eine Brücke zwischen dem Kind in Ihnen, das nach Antworten sucht, und dem Höheren Selbst, das immer wieder in Träumen, Visionen, Eingebungen des Herzens und in Form blitzartiger Intuitionen Juwelen der Erleuchtung darbietet. Wenn es zu Eingebungen kommt, die Ihren Geist durchfließen, seien Sie offen und bereit, Ihre neu entdeckte Weisheit weiterzugeben. Vermeiden Sie den Versuch, Entdeckungen rigoros festzuhalten. Vermeiden Sie es auch, andere aus eigensüchtigen Motiven zu kontrollieren. Aber beachten Sie vor allem eines: Nutzen Sie Ihre Visualisierungsfähigkeiten (mithilfe Ihres Dritten Auges oder ajna-Zentrums), und sehen Sie, wie Ihr Leben mit einer Gemeinschaft gleichgesinnter Seelen verbunden ist – Ihrem wahren Ring der Macht in der Welt.

Archetyp im traditionellen Tarot: DER HIEROPHANT/
DER HOHEPRIESTER
Beherrschendes Tierkreiszeichen: Stier

Hänsel und Gretel

Im traditionellen Tarot entspricht diese Karte DEN LIEBENDEN. Sie steht für den Wunsch nach Vertrauen und Loyalität in festen Beziehungen, und auf einer höheren Ebene symbolisiert sie das Gleichgewicht zwischen physischer und spiritueller Liebe. Die Geschichte von Hänsel und Gretel lässt uns die ursprüngliche Form der göttlichen Liebe in Gestalt von Geschwistern, die sich in Liebe zugetan sind, sehen. Hänsel und Gretel müssen zudem gemeinschaftlich handeln und sich bedingungslos aufeinander verlassen, um überleben zu können.

In dem Märchen lebt ein armer Holzfäller zusammen mit seiner Frau und seinen beiden Kindern. Die Frau ist die Stiefmutter der beiden, und sie behandelt sie sehr grausam. Weil sie nur sehr wenig zu essen haben und um ihr eigenes Überleben zu sichern, bringt die Stiefmutter den Vater dazu, seine Kinder im Wald auszusetzen – ein Zeichen seiner schwachen Willenskraft und ihrer selbstsüchtigen Wünsche. Die Kinder werden also in den Wald gebracht – die unbekannte, pfadlose Welt – und sich selbst überlassen. Das Mondlicht (die empfangende, weibliche, höhere Weisheit) spielt eine wichtige Rolle und leitet Hänsel und Gretel, und als zusätzliche Führer dienen zwei weiße Vögel. Zuerst führt sie eine Taube zu einem Knusperhäuschen (persönliche Wünsche, Sehnsüchte, orale Befriedigung, materielle Sicherheit, beginnende Bewusstheit der Sexualität). Dann hilft ihnen eine weiße Ente, das Wasser zu überqueren (emotionale Sicherheit), und bringt sie auf eine neue Ebene von Liebe und Wahrnehmung. In religiösen Schriften taucht die Taube oft als Symbol für den Heiligen Geist auf. Im Märchen werden die reinen spirituellen Kräfte, die noch nicht durch den Verstand verdorben sind, ebenfalls durch die Taube oder einen anderen weißen Vogel symbolisiert.

In dem Knusperhäuschen glauben sie, den Himmel gefunden zu haben, da sie so lange ohne Nahrung waren. Hänsel knabbert am Dach (Kopf, Geist) und Gretel am Fenster (Seele). Sie werden von der Hexe, die dort lebt, aufgepäppelt und dann in zwei winzige Betten gebracht. Als sie wieder wach werden, sind sie Gefangene. Die alte, verkrüppelte Hexe, ein Sinnbild des Verstandes, ist blind für die Wahrheit und das Wachstum des Ewigen im menschlichen Wesen. Sie versucht, Gretel hereinzulegen, aber das junge Mädchen trickst die Hexe aus, indem es die Alte kopfüber in das Feuer ihres eigenen großen Ofens stößt. Die Hexe, die die Kinder fressen will, steht für die dunklen Bereiche des Bewusstseins, die erkannt und im Feuer gereinigt werden müssen.

An diesem Punkt werden die Kinder befreit. Gretel (die Seele) hat Hänsel (den Geist) gerettet. Vereint kehren Bruder und Schwester nach Hause zurück. Um jedoch sicher zum Haus der Eltern zu gelangen, müssen sie ein neues Stadium der Bewusstheit erreichen. Die Erde kann sie nicht länger unterstützen, und sie müssen auf den Flügeln des Geistes (der weißen Ente) über das Wasser, den Strom des Lebensflusses, reisen. Auf der höchsten Ebene entflieht der Geist den Schlingen der sinnlichen Welt (das Knusperhäuschen, geschlechtliche Liebe) und beginnt, sich an das wahre Heim zu erinnern, dem er einst entfloh (ewige Liebe).

Wenn diese Karte in Ihrem Legebild auftaucht, wird es möglicherweise zu einer tiefen spirituellen Einweihung oder Vereinigung kommen. Machen Sie sich bewusst, dass jeder Mensch einen weiblichen/männlichen Gegenpol besitzt und dass es jetzt Zeit für Sie ist, Ihre beiden Pole ins Gleichgewicht zu bringen. Hänsel ist das Symbol für Animus: das Luftige/der Wind, der Geist und männliche Energie. Gretel steht dagegen für Anima: die Seele, die nährende und weibliche Energie. Gemeinsam, Hand in Hand, symbolisiert ihre Beziehung eine Vorstufe der göttlichen Vermählung.

Meditieren Sie über die innere Schönheit dieser beiden Kinder, die einander inspirieren, und denken Sie dabei daran, dass diese die verlorene Liebe ihrer Eltern widerspiegeln, die sich durch die Unbill des Lebens selbst verloren haben. Die spirituelle Umarmung, die romantische Berührung und der auf das Herz zentrierte Blick werden es Ihnen ermöglichen, die Reichtümer und Wunder der Welt neu zu erleben.

Archetyp im traditionellen Tarot: DIE LIEBENDEN
Beherrschendes Tierkreiszeichen: Zwillinge

Peter Pan

In mythologischen oder spirituellen Lehren wird ein Schiff oft als Vehikel für die Seele dargestellt, das das Bewusstsein von einem Ufer zum nächsten bringt. In dem Märchen Peter Pan lernen Wendy und ihre Brüder nicht nur zu fliegen – sich von den physischen Begrenzungen von Zeit und Raum zu befreien –, sondern sie landen zudem auf einer Insel, wo sie auf ein großes Schiff treffen, das von Kapitän Hook regiert wird. Kapitän Hook und seine Piratenbande symbolisieren die chaotischen Elemente der Unterwelt, unsere ungezähmten Ängste. Tinker Bell dagegen ist der elementare Geist in uns, die Feen-Deva. Sie ist ein Leichtgewicht und kann gute oder schlechte Zaubersprüche sprechen, je nachdem, wie ihr zumute ist. Wendy und ihre Brüder schließlich stehen für die Menschheit. Sie sind gebunden an die Beschränkungen der menschlichen Welt, aber, da sie an andere Welten glauben, manifestieren sie die Fähigkeit, über die Grenzen der Zeit hinauszugehen.

Traditionell ist die siebte Karte im Tarotdeck DER WAGEN, der als Symbol für den Körper steht, der Geist und Verstand in sich beherbergt. Der Wagenlenker symbolisiert das innere Selbst, und die Pferde stehen für die göttliche Willenskraft, die nutzbar gemacht werden muss.

Diese Karte fordert uns auf, nach einem Gleichgewicht zwischen dem irdischen Leben und dem Leben des Geistes zu streben. Wenn

Menschen Kontakt mit ihrer inneren Führung haben, gelingt es ihnen, sich ihrer Umgebung anzupassen und sich mit Anstand und Würde zu bewegen – offen sowie bereit, Erfahrungen zu machen und sich dem Tanz der Spirale von Tag und Nacht, dem Gleichgewicht von Licht und Dunkel hinzugeben.

Die Kinder sind versucht, für immer im Niemandsland ewige Kinder wie Peter Pan zu bleiben und niemals das Erwachsenenalter zu erreichen. Die Kinder sind Symbole des Teils in uns, der in die Mitte zurückkehren muss, damit wir unseren Weg nach Hause finden, nachdem wir die Abenteuer des Lebens hinter uns gebracht haben. In gewisser Weise ist Peter Pan wie die zwei Pferde des Wagens, die den elementaren Willen symbolisieren, der uns vorantreibt, uns auf ewig in Abenteuer drängt, ungezähmt und ungezügelt. Letztendlich ist das Ziel der Reise, unser Heiligtum und unser Seelenerbe zu finden. Der Wagen, Peter Pan, Tinker Bell und das große Schiff – sie alle sind Leitbilder und Wegweiser unseres kosmischen Selbst, und wenn wir auf Hindernisse und plötzliche Kurven oder Sackgassen auf der Straße vor uns stoßen, dürfen wir nicht in Panik geraten.

Weil der Komet/Planetoid Chiron erst 1977 entdeckt wurde, hat er in dem 22-fachen System der Großen Arkana keinen Platz gefunden, aber ein ihm angemessener Platz wäre hier bei der siebten Karte, bei der Karte DER WAGEN oder PETER PAN. Denn Chiron beginnt mit dem "Ch" der englischen Begriffe *chariot* (Wagen) und *child* (Kind), und Peter Pan steht für das Kind, das auf ewig jung bleibt im Herzen.

Als dieses Buch geschrieben wurde, wanderte Chiron zum ersten Mal seit beinahe fünfzig Jahren in das Tierkreiszeichen Krebs, das traditionell mit dieser Karte verbunden ist. Chiron wird oft als der Schlüssel angesehen, der die Türen zu höherem Bewusstsein öffnet; er fördert die Qualitäten des Einzelgängers, er ist der verwundete Heiler und der Lehrer der ewigen Weisheit. Die hochfliegende Reise von Peter Pan und das flackernde Licht von Tinker Bell stehen für die positiven Qualitäten von Chiron, wohingegen die dunklere Präsenz von Kapitän Hook mit den "chirotischen" Wunden der Vergangenheit zu tun hat, die schwer zu heilen sind. In diesem Zusammenhang ist es auch wichtig, sich daran zu erinnern, dass der Kapitän anstelle einer Hand einen Haken hat und dass die griechische, ursprüngliche Bedeutung von *chiro* "Hand" ist ...

Wenn diese Karte in Ihrem Legemuster auftaucht, sollten Sie sich im Leben stetig fortbewegen und Ihre geheimen Quellen entdecken. Bleiben Sie auf dem mittleren Pfad, ein Weg, der möglicherweise sogar in die umgekehrte Richtung führen kann, der Sie aber auf alle Fälle nach Hause zurückbringt. Während Sie im Allgemeinen durchaus nach Sicherheit und Schutz streben sollten, dürfen Sie sich aber auch die Freiheit zugestehen, zu träumen, zu phantasieren und auf Abenteuersuche zu gehen. Machen Sie eine Kanufahrt, segeln Sie in den Sonnenuntergang hinein oder lauschen Sie den Wellen, die gegen den Strand schlagen. Verbringen Sie ein paar Tage in der Wildnis, und beobachten Sie den Flug der Vögel; lauschen Sie ihrem Gesang, und lassen Sie sich davon bezaubern, wie liebevoll sie ihre Jungen füttern. Gestatten Sie sich den Flug in die faszinierenden Bereiche der Phantasie. Wenn Sie daran glauben, werden Sie es schaffen!

Archetyp im traditionellen Tarot: DER WAGEN
Beherrschendes Tierkreiszeichen: Krebs

Die Schöne und das Biest

In dem Märchen lebt das Mädchen Belle - die Schöne - mit ihrem Vater, zwei Schwestern und drei Brüdern zusammen. Sie ist wegen ihrer Freundlichkeit und Feinfühligkeit überall beliebt, wohingegen ihre Schwestern habsüchtig sind. Die Familie ist sehr reich, aber der Vater erleidet Schiffbruch und verliert dabei sein Hab und Gut. Die Schöne arbeitet daraufhin auf dem Feld und ist sehr bescheiden. Als der Vater erfährt, dass seine Schätze möglicherweise gefunden worden sind, macht er sich auf eine lange Reise. Doch bevor er loszieht, fragt er seine Töchter nach ihren Wünschen. Die beiden Schwestern wollen wertvolle Juwelen und Kleider; Belle bittet nur um eine schwarze Rose. Die Rose steht im Reich der Blumen für den "Stern des Lebens", und Schwarz steht für die unsichtbare Schönheit im Inneren, die verborgene Schönheit der Rose, die verborgene Schönheit der Menschheit.

Der Vater macht sich auf den Weg, findet jedoch sein verlorenes Vermögen nicht wieder. Stattdessen gelangt er zu einem Schloss. Die Türen stehen weit offen, das Feuer glüht im Kamin, der Tisch ist gedeckt. Er speist, ruht sich in einem der Betten aus und verbringt die Nacht im Schloss. Als er am nächsten Morgen aufgestanden ist und in dem Palast umherwandert, findet er einen Garten und pflückt eine Rose. Plötzlich erscheint ein Biest, ein Mann mit dem Kopf eines Löwen - zu ihm gehört die schwarze Rose (die verborgene

Schönheit). Er wird wütend und droht dem Vater, ihm erst dann zu verzeihen, wenn dieser ihm seine Tochter verspricht. Der Vater sagt zu und wird von dem Tier reich beschenkt.

Belle besucht nun das Biest in seinem Schloss und erkennt seine Güte. Das Schloss selbst ist wunderschön, und ihr zu Ehren werden wunderbare Feste gegeben. Eines Tages findet sie in einem Turm einen Spiegel, der plötzlich zu sprechen beginnt: "Mit der Zeit wirst du in deinem Herzen die Wahrheit erkennen." Belle hat von nun an einen immer wiederkehrenden Traum, in dem sie sich an einem See befindet und einem hübschen Prinzen begegnet. Ein altes Weib sagt ihr zudem, sie müsse etwas über die Schönheit des Geistes lernen, und in ihrem Herzen wächst das Mitgefühl für das Biest.

Eines Tages wird der Vater des Mädchens krank, und sie möchte ihn besuchen. Das Biest erlaubt es ihr, bittet sie jedoch, innerhalb von drei Wochen zurückzukehren: "Ohne dich werde ich sterben." Sie bleibt jedoch länger fort, als er ihr zugestanden hat, und als sie in einen Spiegel schaut, sieht sie das Biest am See liegen und sterben – und in diesem Augenblick wird ihr bewusst, dass sie das Biest liebt. Sie eilt zurück zum Schloss, findet den See, nimmt den Kopf des Biestes in ihre Arme und sagt ihm, dass sie es liebt. Ihre Tränen fließen über sein Haupt, und als es sich bewegt, geht sie zum See, um ihm etwas zu trinken zu holen. Als sie sich bückt, sieht sie in der sich spiegelnden Fläche des Sees den Prinzen aus ihrem Traum.

Der Prinz erzählt Belle, dass er eine hässliche Frau, die einst das Schloss besucht hat, schlecht behandelt habe. Sie habe ihn daraufhin verflucht und in ein Biest verwandelt. Der Zauber könne nur gebrochen werden, wenn ein anderer Mensch die wahre, innere Schönheit des Biestes erkennen würde, und es war Belle, die den Zauber durch ihre bedingungslose, aufrichtige Liebe gebrochen hat.

Die Geschichte "Die Schöne und das Biest" ist eine begeisternde Fabel, die das Herz zum Klingen bringt. Und die Moral von der

Geschichte ist immer und immer wieder dieselbe: Die Schönheit liegt im Auge des Betrachters. Diese Karte entspricht im traditionellen Tarot der Karte DIE KRAFT und wird oft durch eine schöne Frau dargestellt, die mühelos das Maul eines Löwen öffnet.

Wenn diese Karte in Ihrem Legemuster auftaucht, sollten Sie die wunderbare Gabe der Liebe in Ihrem Leben akzeptieren – aber nicht nur das, was Sie mit Ihren physischen Augen sehen können, sondern vor allem das, was Sie als Wahrheit fühlen und erkennen. Wenn wir uns dem Geist unserer inneren Führung und unseren Träumen öffnen und uns trauen, unseren Herzen zu folgen, dann wird uns die wahre Liebe geschenkt. Die Liebe trägt oft eine Maske, so wie die Wahrheit. Schauen Sie hinter die Maske. Wo Dunkelheit ist, sehen Sie das Licht. Wo Schmerz ist, dorthin schicken Sie heilende Gebete und Gedanken. Wo Disharmonie herrscht, säen Sie die Saat der Zufriedenheit und der Freude. Bringen Sie Ihren Lieben, Ihren Freunden, Ihrer Umgebung und der ganzen Menschheit Wärme und Großmut entgegen. Wenn Sie in den Spiegel Ihrer Seele schauen, empfinden Sie Dankbarkeit für die wunderbare Gabe göttlichen Lebens und ewiger Liebe.

Archetyp im traditionellen Tarot: DIE KRAFT
Beherrschendes Tierkreiszeichen: Löwe

Schneewittchen

In dem Märchen "Schneewittchen und die sieben Zwerge" liegt eine großartige Lektion über den Dienst an der Menschheit und über die Anwendung weiser Unterscheidungskraft verborgen.

Kurz vor Schneewittchens Geburt ist ihre Mutter mit einer Näharbeit beschäftigt und sticht sich dabei mit einer Nadel. Als sie das Blut auf den Schnee vor ihrem Fenstersims fließen sieht, wünscht sie sich ein Kind mit Lippen so rot wie Blut, mit einer Haut so weiß wie Schnee und Haar so schwarz wie das Ebenholz des Fensterrahmens. Bald darauf erblickt Schneewittchen das Licht der Welt, doch ihre Mutter stirbt bei der Geburt.

Schneewittchens Stiefmutter ist eine schöne, aber böse, eitle und eifersüchtige Königin. Als sie den magischen Spiegel fragt - das Symbol für die Suche nach perfekter Schönheit (ein Aspekt des Tierkreiszeichens Jungfrau, das diese Karte beherrscht) –, wer die Schönste im Land sei, antwortet der Spiegel: "Schneewittchen." Die Königin ist so wütend, dass sie einem Jäger befiehlt, Schneewittchen zu töten und ihr als Beweis für den Tod des Kindes dessen Herz zu bringen. Der Jäger - das Symbol für Menschlichkeit, Sterblichkeit und Bescheidenheit - hat Mitleid mit dem Mädchen und lässt es gehen; der Stiefmutter bringt er als Beweis das Herz eines jungen Tieres.

Schneewittchen, sieben Jahre alt, ist allein im Wald und sucht nach Schutz und Zuflucht. Sie ist auf einer symbolischen Pilgerreise und auf der Suche nach Weisheit. Sie findet eine kleine Hütte mit sieben Betten und sieben Tellern – wobei die Zahl 7 für eine größere spirituelle Wandlung steht. Als die Zwerge, die den ganzen Tag in den Diamantminen gearbeitet haben, sie finden, ist sie in einem der Betten fest eingeschlafen. In der Originalversion der Geschichte sind die Zwerge Gnome, die für die Weisheit der Erde, das innere Licht, das in der Tiefe unseres Planeten leuchtet, stehen. Schneewittchen wächst innerlich, indem es sich um die Gnome kümmert, es reinigt ihr Haus und bereitet die Mahlzeiten für sie zu.

Indem die böse Königin ihren magischen Spiegel befragt, wer die Schönste im ganzen Land sei, findet sie heraus, dass Schneewittchen noch lebt. Über viele Jahre hinweg versucht die Stiefmutter nun drei weitere Male, Schneewittchen zu töten. Das erste Mal verkleidet sie sich als alte Krämerin, die Schnürriemen feilbietet. Die Alte schnürt sie so fest, dass Schneewittchen der Atem (Geist) stockt. Die Gnome finden sie und bringen sie wieder ins Leben zurück. Beim zweiten Versuch verwandelt sich die Stiefmutter in eine Frau, die Kämme verkauft. Schneewittchen wird wieder überlistet und kauft einen davon, der ihren Kopf und ihre Kopfhaut (Ego-Identität) vergiftet. Noch einmal retten sie die Zwerge. Beim dritten Mal verwandelt sich die Stiefmutter in eine alte Frau, die Äpfel verkauft, die sie vergiftet hat. Schneewittchen, dem es immer noch an der weisen Unterscheidungskraft mangelt, nimmt einen Bissen des vergifteten Apfels und fällt wie tot um. Sie liegt in einem tiefen Koma, aus dem sie die Zwerge nicht herausholen können.

Die Weisheit der Erde hat ihren Lauf genommen, und Schneewittchen ist bereit für seine endgültige Initiation. Das Mädchen kann nicht für immer in der Hütte (Dunkelheit) bleiben, weshalb die Zwerge sie in einen gläsernen Sarg legen, wo das Licht, das durch den Wald strömt, ihren Körper, ihr Herz und ihre Seele erleuchten kann. Sie muss ins Licht gehen. Ihre innere Arbeit – ihre Pflichterfüllung für die Zwerge durch Saubermachen, Nahrung geben und das Sichüben in Bescheidenheit – ist vollendet. Der Prinz kann kommen. Er findet sie, hebt sie aus dem gläsernen Sarg und auf sein Pferd. Dabei fällt das Stück vergifteten Apfels aus ihrer Kehle. Das ist ein Bild für die Reinigung des Halschakras und die Wiedererlangung von Schneewittchens ursprünglicher Weisheit. Mit ihrem Animus (dem Prinzen) verbunden, wird sie eins und im Licht gekrönt (siebtes Chakra).

Im traditionellen Tarot entspricht dieser Karte DER EREMIT, oft als weiser alter Mann oder weise alte Frau dargestellt. Durch die Pilgerreise und die Odyssee von Schneewittchen lernen wir, wie wir heil werden können – nämlich dann, wenn alle Aspekte des Seelen- und des Persönlichkeitslebens vereint und integriert sind. In einem Zustand der Isoliertheit oder des Getrenntseins zu leben, bringt weder Glück noch Zufriedenheit. Die aktive Arbeit, die wir aufgefordert sind, im Leben zu verrichten, ist nur zum Teil physisch, emotional und mental. Es gibt auch eine Seelenarbeit – unseren Dienst am Menschen sowie unsere Chance und Herausforderung, ein "Licht für die Welt" zu sein.

Wenn diese Karte in Ihrem Legemuster auftaucht, sind Sie vielleicht an einem kritischen Punkt Ihrer Reise zur Erleuchtung angelangt. Reflektieren Sie über Ihre kürzlichen Reisen, Studien und zwischenmenschlichen Erfahrungen, und unterscheiden Sie genau bei Ihrer Wahl von Geschäftspartnern und persönlichen Gefährten. Lassen Sie Ihr irdisches Leben die Sehnsucht Ihrer Seele widerspiegeln, einen Dienst an der Menschheit und an der Natur in ihrer Vielfalt zu verrichten. Verbannen Sie dagegen jene Aspekte Ihres Selbst, die klein, rachsüchtig und schädlich für andere sind. Lassen Sie Ihre Worte, Ihre Warmherzigkeit und Ihr Verständnis zu einem strahlenden inneren Licht werden, das Freunde, Verwandte und die Menschheit heilen kann.

Archetyp im traditionellen Tarot: DER EREMIT
Beherrschendes Tierkreiszeichen: Jungfrau

Alice im Wunderland

Zu Beginn der beliebten Kindergeschichte "Alice im Wunderland" sitzt Alice an einem heißen Sommertag neben ihrer Schwester auf einer Bank am Fluss. Später, als ihre heldenhaften Abenteuer im Land der Träume vorüber sind, kehrt sie genau an diese Stelle am Flussufer zurück. Ihre Seelenreise mit dem weißen Kaninchen, dem Märzhasen, Tweedledum und Tweedledee, der Maus und der Raupe, der Katze, der Herzkönigin und anderen bizarren Figuren ist ein vollständiger Zyklus, ein spiralförmiger Tanz des Geistes, eine Odyssee gewesen. Alles in "Alice im Wunderland" führt uns zu dem Bild der zehnten Karte der Großen Arkana: DAS RAD DES SCHICKSALS.

Schon immer haben Kinder Karussells, Riesenräder und magische Spinnräder aller Art geliebt. Die Karte DAS RAD DES SCHICKSALS ist ein Symbol für die zahlreichen Erfahrungen eines Lebens, das Auf und Ab, der Kreislauf vieler Leben, die Reinkarnation. Nach der Karte DER EREMIT, die für den Dienst an der Menschheit und für die Erleuchtung der Welt steht, deutet die Karte DAS RAD DES SCHICKSALS auf die Notwendigkeit hin, sich auf eine zukünftige Inkarnation und das so viel wichtigere spirituelle Leben vorzubereiten.

Zwei Charaktere – zu Beginn und am Ende von "Alice im Wunderland" – betonen die spirituellen Hauptthemen dieser Karte: Das weiße Kaninchen, das Alice ins Wunderland führt, zieht aus seiner Tasche eine Uhr und sagt immer wieder, dass es zu einem wichtigen Termin zu spät komme. Hier geht es um das Schlüsselthema Zeit, den großen Zyklus von Minuten, Stunden, Tagen, Monaten und Jahren – die Räder der Zeit, die Rad für Rad die Ewigkeit zu füllen scheinen. Als Alice in das Kaninchenloch und somit in eine andere Dimension der Zeit fällt, ist die Uhrzeit jedoch belanglos geworden.

Später kreischt die seltsame Gestalt der Herzkönigin immer wieder: "Köpft sie!" Es scheint, als ob dem Denken und dem Intellekt in diesem Stadium der Realität Einhalt geboten werden müsste. Man muss – irgendwie – eine wahre Herzkönigin werden und in das Zentrum des Lebens vordringen, wo der Puls des Lebens am stärksten ist. Interessanterweise steht die Karte ALICE IM WUNDERLAND in der Mitte der Reise durch die Großen Arkana, also im Zentrum.

Eine weitere Aussage der Karte ALICE IM WUNDERLAND ist, dass das gesamte Leben ein Traum ist. Bereits Plato, Shakespeare und andere Autoren haben unsere Gedanken in diese Richtung gelenkt, und Lewis Carroll (im wahren Leben ein Mathematiklehrer und Bibliothekar namens Charles Dodgson) schuf seine Abenteuer für Alice Liddell, ein englisches Mädchen, im Jahr 1864. Carroll liebte die Welt der Spiele und hatte Spaß daran, mit seinen Romanen die Phantasie der Kinder spielerisch zu wecken. Die sprachlichen Kniffe in dieser Geschichte gehen außerordentlich tief und bleiben doch ein Spiel ... mit Worten.

Wenn diese Karte in Ihrem Legebild auftaucht, sollten Sie versuchen, das Leben aus einer höheren Perspektive zu sehen. Beschäftigen Sie sich mit Ihren Träumen, und führen Sie ein Tagebuch über Ihre außerkörperlichen Reisen. Vielleicht liegt das Glück bereits um die nächste Ecke. Erhoffen Sie eine Drehung des Glücksrads zu Ihren Gunsten! Seien Sie der ewige Optimist! Seien Sie sich bewusst, dass Ihr Recht auf Wohlstand Ihr Ass im Ärmel ist. Nutzen Sie die goldene Gelegenheit, die vor Ihnen liegt. Das Glück ist mit Ihnen! Lassen Sie ihm seinen Lauf!

Archetyp im traditionellen Tarot: DAS RAD DES SCHICKSALS
Beherrschender Planet: Jupiter

König Midas

Auf einem Thron sitzend, ein Schwert spiritueller Macht in der rechten und die Waagschalen der göttlichen Gerechtigkeit in der linken Hand, trug die Göttin der Weisheit im alten Griechenland den Namen Themis. Wenn man in das andere Leben hinüberging, musste man "seine Konten ausgleichen", und in den himmlischen Waagschalen wurde die menschliche Seele gewogen. Die Erzählung "König Midas" ist eine tiefgehende Lektion zu diesem Thema.

In dem Märchen hat König Midas eine wunderschöne Tochter, die er sehr liebt; aber seinem Herzen noch näher steht der Wunsch nach Gold. Als er eines Tages seine Reichtümer zählt, erscheint ein Fremder und fragt ihn, was er sich am allermeisten in der Welt wünsche. Ohne nachzudenken, wünscht sich der König, dass alles, was er berührt, zu Gold wird. Der geheimnisvolle Fremde verspricht ihm, bei Sonnenaufgang des nächsten Tages werde sein Wunsch in Erfüllung gehen. Als sich am Morgen die ersten Strahlen der Sonne in das Zimmer des Königs stehlen, stellt der König zu seinem Erstaunen fest, dass sein Wunsch tatsächlich in Erfüllung gegangen ist: Ein Stuhl, sein Bett und selbst die wunderschönen Rosen im Garten werden durch seine Berührung zu Gold. Seine Tochter jedoch, die Rosen liebt, läuft völlig verstört zu ihrem Vater. Der König streckt die Arme aus, um sie zu trösten, und verwandelt auch sie zu seinem Entsetzen zu Gold.

Außer sich vor Kummer trifft der König noch einmal auf den Fremden, der den mächtigen Herrscher fragt, ob er seine Lektion gelernt habe. König Midas bittet darum, ihm die Gabe, alles in Gold verwandeln zu können, wieder zu nehmen. Der Fremde rät ihm, in einem See mit einer besonderen Vase zu baden und sie mit Wasser aus der Tiefe des Teiches zu füllen. Dies ist ein rituelles Abwaschen seiner Sünden, eine Reinigung von Habsucht und Stolz. Wenn Midas dieses Wasser auf alles, was er zu Gold hat werden lassen, gieße, würden seine kostbaren Gegenstände wieder zurückverwandelt – so lautet das Versprechen des Fremden. Seine Worte werden wahr, und König Midas kann seine Tochter und die wunderschönen Rosen im Garten zu neuem Leben erwecken.

Die Moral dieses Märchens ist einfach zu erkennen: Es gibt etwas, das viel kostbarer ist und unserem Herzen viel näher steht als alle materiellen Reichtümer oder alles Gold der Welt: die Schönheit und Heiligkeit des Lebens um uns herum. Und: Wir sollten über unsere Handlungen im Voraus nachdenken, denn unsere sehnlichsten Wünsche könnten wahr werden und vielleicht mehr Kummer als Glück schaffen.

Wenn diese Karte in Ihrer Legung auftaucht, seien Sie empfindsam und liebevoll zu den Menschen in Ihrer Umgebung, und drehen Sie Eigenschaften wie Habgier und Gier den Rücken. Achten Sie die einfachen und schönen Dinge des Lebens, indem Sie sich bewusst machen, dass nicht alles, was glänzt, unbedingt Gold sein muss. Die sanfte Berührung eines geliebten Menschen mag wichtiger sein, als Geld zu verdienen oder der Kampf um eine Beförderung. Balancieren Sie Ihr Leben aus. Trauen Sie Ihrer intuitiven Eingebung, und stellen Sie Intuition über die Logik des kühlen Verstandes. Wägen Sie Ihre Entscheidungen sorgfältig ab, damit Sie sich und die Menschen, die Sie lieben, nicht verletzen!

Archetyp im traditionellen Tarot: DIE GERECHTIGKEIT
Beherrschendes Tierkreiszeichen: Waage

Hans und die Bohnenstange

Die Karte DER GEHÄNGTE, die zwölfte Karte der Großen Arkana, zeigt einen Menschen, der kopfüber und mit gekreuzten Armen an einem Kreuz aus Holz hängt. Dieses Bild wurde immer schon mit verschiedenen Mythen über den sterbenden Retter, den Messias, in Verbindung gebracht, der vom Himmel auf die Erde kam, um die Menschheit zu erlösen. Es ist in jedem Fall jemand, der seine oder ihre Ansicht des Lebens umkehrt, als Symbol für die Notwendigkeit, sich zu opfern und spirituell Buße zu tun.

In dem Märchen "Hans und die Bohnenstange" kümmert sich ein Junge nach dem Tod des Vaters um seine arme Mutter (das Symbol für den unerfüllten Reichtum der Erde) und klettert in eine andere Welt (den Himmel), um neue Reichtümer für die menschliche Seele zu entdecken. In dem Märchen bittet Hans' Mutter ihren Sohn, ihre letzte Kuh zu verkaufen und mit dem Erlös Lebensmittel zu besorgen. Aber Hans erwirbt stattdessen magische Bohnen und bringt sie nach Hause. Die Mutter hält die Bohnen für wertlos und wirft sie in den Garten. Während sie Tränen über ihr trauriges Schicksal vergießt, schaut Hans hinaus und sieht, dass über Nacht eine mächtige Bohnenstange gewachsen ist, die bis über die Wolken hinaus in den Himmel reicht. Hans klettert mehrere Male die Bohnenstange hinauf und besucht ein wundersames Schloss im Himmel, das von einem Riesen und dessen Frau bewohnt wird. Schließlich gelingt es Hans, einige Reichtümer zu bekommen: eine Henne, die goldene Eier legt, Säcke mit Gold und eine magische Harfe, die von alleine spielt. In der Schlussszene jagt der Riese Hans die Bohnenstange hinunter, aber der junge Mann kann sie fällen, bevor der Riese den Boden erreicht, so dass er zu Tode stürzt. Es ist Hans' Wagemut und sein Erfindungsreichtum, die Reichtum und Überfluss zur Familie bringen.

DER GEHÄNGTE muss das Leben aus einer neuen, entgegengesetzten Perspektive anschauen, um sich neue Pfade und ein erweitertes Bewusstsein zu erschließen für die nächste Etappe des Pfades (DER TOD, XIII). Hans muss einen anderen, höheren Bereich erreichen, um "sein Glück umzukehren". Er darf nicht länger von der physischen Realität, die vor ihm liegt, abhängig sein. Indem er es wagt, eine neue Dimension des Bewusstseins zu erkunden, ist er fähig, eine Quelle unerschöpflichen Reichtums in die Welt zu bringen.

Verzicht ist ein großes Thema dieser Karte. Hans verzichtet beispielsweise auf die Kuh, um die magischen Bohnen erwerben zu können; er geht demnach nicht rein logisch vor, sondern verlässt sich auf sein Gefühl. In gewisser Weise geht er eine Wette ein, dass aus der sprießenden Saat magisches neues Leben erwachsen kann. Auch seine Mutter erlebt einen rituellen Verzicht, indem sie alle Hoffnung aufgibt und die Bohnen in den Garten wirft. Ihre Tränen sind eine emotionale Befreiung, ein Aufgeben all ihrer unterdrückten Verletzungen und Ängste. Auch das ist ein magischer Akt, der die Zukunft des Lebens dieser beiden Menschen verändert.

Jede menschliche Seele trägt eine schwere Bürde, und die Bohnenstange als Verbindung zwischen Himmel und Erde symbolisiert das Kreuz, das jeder von uns tragen muss. Ein Teil unserer Lektion ist es zu lernen, dass wir den Riesen besiegen können, der Phobien, Ängste vor dem Unbekannten und Monster wie Hass, Gier und Wut personifiziert, die in den Schattenregionen unserer Psyche lauern.

Wenn diese Karte in Ihrem Legemuster auftaucht, sollten Sie Ihr Leben und Ihre engsten Beziehungen aus einer neuen Perspektive betrachten. Bitten Sie um Klarheit, und werden Sie sich bewusst, dass Ihr Rückgrat wie eine heilige Bohnenstange ist, die göttliche Impulse Ihren Körper hinauf- und hinunterschickt. Machen Sie sich bewusst, dass Sie selbst riesige Probleme mit nur ein wenig Licht besiegen können. Sie können Ihre Welt verändern: durch die Macht der positiven Gedanken und die Fähigkeit, sich im Überfluss des Lebens zu sehen. Schlagen Sie eine neue Seite im Buch des Lebens auf, und überlassen Sie sich dem Fluss. Geben Sie sich Ihrem göttlichen Schicksal hin!

Archetyp im traditionellen Tarot: DER GEHÄNGTE
Beherrschender Planet: Neptun

Dornröschen

In dem Märchen "Dornröschen" wird einem König und einer Königin eine Tochter geboren, und Prinzen und Prinzessinnen und alle Feen werden daraufhin zu einem großen Fest geladen. Zu dem Fest erscheinen zwölf Feen und bringen ihre Gaben dar und eine Vielzahl guter Wünsche. Nur eine Fee - die dreizehnte, die böse Fee - ist nicht eingeladen worden, weswegen sie das Kind verflucht: Es soll sich an seinem dreizehnten Geburtstag an einer Spindel stechen und daran sterben. Der König, die Königin und die Gäste sind entsetzt; aber eine gute Fee, die letzte, hat ihren Wunsch noch nicht ausgesprochen. Sie kann den Fluch der bösen Fee zwar nicht vollständig aufheben, aber doch abmildern, so dass das Mädchen, wenn es sich in den Finger gestochen hat, nur für einhundert Jahre schlafen wird.

Um seine Tochter vor dem Fluch zu bewahren, befiehlt der König, alle Spindeln aus dem Königreich zu entfernen. Eines Tages, als aus dem Kind ein junges Mädchen geworden ist, betritt es einen alten Raum in einem hohen Turm, wo es die böse Fee findet, die ihren Flachs spinnt. Nicht lange, und der Fluch geht in Erfüllung, als sich das junge Mädchen mit der goldenen Spindel sticht. Im selben Augenblick fällt sie und jeder im Königreich in einen tiefen Schlaf, der einhundert Jahre andauern soll. Nach dieser Zeitspanne schwingt ein junger Ritter sein Schwert und durchtrennt die Dornenhecke, die um das Schloss gewachsen ist. Er betritt das Gebäude und findet den ganzen Hofstaat schlafend vor. Als er auf die schlafende Schönheit, auf Dornröschen trifft, küsst er sie auf die Stirn. Der böse Zauber wird so gebrochen, sie wacht auf – und mit ihr das ganze Königreich. Schließlich ist die Familie wieder vereint, und die Freude im Land ist groß.

Die Geschichte von Dornröschen steht für den langen Prozess der Reifung sowie jenen Punkt im Zyklus, an dem ein unschuldiges Mädchen in die fremde Welt der Erwachsenen eintritt und mit der Menstruation zur Frau wird (symbolisiert durch Dornröschen, die sich mit der Spindel in den Finger sticht und dann auf die Beziehung wartet, die ihr ein neues Leben bringen wird mit Hochzeit, Familie und weltlichen Pflichten). Während das Mädchen schläft, liegt die Betonung auf Empfänglichkeit; es ist die ruhige Zeitspanne von mehreren Jahren, in denen äußerlich keine großen Veränderungen stattzufinden scheinen bei einem jungen Menschen; lediglich innere Veränderungen, die eine sexuelle und emotionale Transformation bewirken, sind im Gange. Während die Entwicklung zu einer jungen Frau mit dem monatlichen Fluss des Menstruationsblutes einhergeht, deutet sich der Übergang zum Erwachsenenalter bei Jungen durch den Stimmbruch, wachsende Kraft und die Fähigkeit, sich in der Welt zum Ausdruck zu bringen, an.

Der Prozess der Metamorphose ist gefährlich, aber jedes Kind muss durch diese Zeit des Reifens hindurch, bevor es erwachsen werden kann. Der junge Mensch muss das sichere Netz der Kindheit verlassen, und die damit verbundenen Veränderungen oder Transformationen sind für ein Kind ein Prozess von Tod und Wiedergeburt. In der Geschichte verflucht die dreizehnte Fee die Tochter und wünscht ihr den Tod – im traditionellen Tarot die dreizehnte Karte. Dennoch wird dieser tödliche Fluch schnell in einen Schlaf von einhundert Jahren verwandelt, und Tod und Schlaf sind in der

Geschichte damit unmittelbar miteinander verbunden. Wir lernen, dass Tod niemals die Seele oder den göttlichen Funken im menschlichen Wesen töten kann, sondern er ist ein langer Schlaf, aus dem wir erwachen, um schließlich mit unseren Lieben wieder vereint zu sein. Der Zeitraum von einhundert Jahren ist ein Entwicklungszyklus, der in etwa der Zeit entspricht, in der eine menschliche Seele erneut inkarnieren kann nach einer Zeit des Lernens auf den inneren Ebenen. Schon in der griechischen Mythologie wurden Schlaf und Tod – *hypnos* und *thanatos* – als "Brüder" angesehen. Wir wissen, dass jeder abendliche Schlaf ein "kleiner Tod" ist, eine Chance, die Triumphe und Fehler des Gestern sterben zu lassen und sich vor den Chancen und Herausforderungen des neuen Morgens auszuruhen.

Die Seele kann als das wahre Dornröschen, als die schlafende Schönheit, angesehen werden. Sie schläft, bis das Gleichgewicht von weiblichen und männlichen Aspekten eine göttliche Hochzeit von Himmel und Erde, Geist und Materie feiert. Wenn die Menschheit Reinkarnation und kosmische Entwicklung als Tatsachen akzeptiert, wird der Tod seinen Schrecken verlieren und nurmehr als langer Schlaf angesehen werden, in dem die Seele zu Weisheit gelangen kann – die Ernte der großen Abenteuer ihres irdischen Lebens.

Diese Karte steht für die heilende Kraft des Schlafes. Ohne ausreichende Ruhe können die Zellen unseres Körpers nicht richtig arbeiten, und das Immunsystem wird bis an die Grenze seiner Belastbarkeit gebracht. Betrachten Sie den Frieden und die Ruhe des Schlafes als eine Zeit der Entspannung und Erholung. Während des Schlafes verliert die Seele zudem ihr "Angekettetsein" an den physischen Körper und reist in die spirituelle Welt (während sie durch die Silberschnur, den Faden des Bewusstseins, weiterhin mit dem Körper verbunden ist). Genießen Sie diese nächtlichen Ausflüge in andere Dimensionen, und bringen Sie die Früchte jener Erfahrungen mit zurück in Form von wundersamen Träumen, Visionen und Plänen für die Zukunft.

Wenn diese Karte in Ihrem Spiel auftaucht, steht vielleicht eine lange Zeit der Kontemplation an. Lassen Sie sich von dem langsamen Wachstum in dieser Zeit nicht abschrecken, sondern treten Sie mit Mut und Gelassenheit ein in die Welt der Träume, Archetypen und Symbole. Lernen Sie in diesem empfangenden Zustand. Etwas im Außen zu tun, ist nicht immer die Antwort. Lassen Sie auch die Vergangenheit los. Wie die Raupe, die sich in einen Schmetterling verwandelt, findet tief unten in der Tiefe Ihres Seins ein magischer Prozess statt. Schließlich werden Sie die Flügel ausbreiten und sich wie ein Adler über bisher unbekannte Reiche des Wissens emporschwingen.

Archetyp im traditionellen Tarot: DER TOD
Beherrschendes Tierkreiszeichen: Skorpion

Der Schutzengel

Über die Jahrhunderte hinweg ist die vierzehnte Karte der Großen Arkana als Engel oder Erzengel dargestellt worden, der ein magisches Elixier von einer Schale in eine andere gießt. Mit einem Fuß steht er auf festem Boden und mit dem anderen in einem Teich, denn diese Gestalt steht für die Vereinigung der Energien von Geist und Seele. Auf einer anderen Drehung der Spirale repräsentiert sie den alchemistischen Prozess, durch den eine menschliche Persönlichkeit mit göttlichem Licht und göttlicher Weisheit erfüllt wird. Im *Tarot für das innere Kind* ist diese Karte DER SCHUTZENGEL - das Wesen, das über die Entwicklung eines Kindes wacht und es in schwierigen Zeiten beschützt und heilt.

Im Mittelalter stellten die großen europäischen Maler die Köpfe der Engel mit einem Heiligenschein dar - ein Zeichen dafür, dass diese Wesen erleuchtet waren und Boten Gottes. Später wurden daher auch Heilige, Priesterinnen, Magier und andere göttliche Boten (die wörtliche Bedeutung des Wortes "Engel") auch mit einem Heiligenschein dargestellt. Schutzengel werden entweder als Kräfte außerhalb unseres Selbst angesehen, die uns vor Gefahren bewahren, als Seelenaspekte oder sogar als unser Höheres Selbst.

Der Begriff "Mäßigkeit", der im Allgemeinen Mäßigung und Enthaltsamkeit bedeutet, ist im Grunde ein schlecht gewählter Name, um die Qualität der Karte zu beschreiben. Die englische Bezeichnung *temperance* kommt der Bedeutung schon näher, da sie eine Verbindung zu dem lateinischen *temperare* hat, was "mischen oder regulieren" bedeutet. Aleister Crowley schließlich nannte diese Karte, als er sein Tarotdeck schuf, "Kunst", was wohl der beste Name sein dürfte. Denn wenn man schöne Kunst oder Musik schaffen will, kombiniert man die Kräfte der Engel oder die Kräfte der Inspiration mit physischen Materialien und Instrumenten. Das ist eine Reminiszenz an die jahrhundertealte Wissenschaft der Alchemie, der Verwandlung von Blei zu Gold, wobei Blei für die unerleuchtete Persönlichkeit und Gold für den beseelten spirituellen Schüler steht.

In esoterischen Zirkeln, die sich mit Meditation, Visualisierung und magischen Ritualen beschäftigen, wird oft angestrebt, ein Gespräch oder ein Treffen mit dem eigenen Schutzengel zu erreichen. Offensichtlich sind alle menschlichen Wesen mit der Gegenwart von Engeln gesegnet, die uns durch die Inkarnationen führen und sich um uns kümmern. Eine überstrahlende Gestalt, die man als "guten Engel" bezeichnen könnte, wacht über uns, und wenn wir die Schwelle, die als Tod bezeichnet wird, überschreiten, verschmelzen wir mit dem Licht dieses Engels. Mehr und mehr Menschen offenbaren in unserer Zeit ihre spirituellen Erlebnisse, die oft Begegnungen mit einem Schutzengel oder einem hohen Lichtwesen einschließen und zu einer völligen Kehrtwende im Leben dieser Menschen geführt haben. In Kindergeschichten sind Feenköniginnen, hilfreiche Zauberer und gute Feen Variationen des Themas "Schutzengel".

Wenn diese Karte in Ihrem Legemuster auftaucht, sollten Sie Ihr Herz und Ihren Verstand den sanften Rhythmen öffnen, die Ihr Gefühl für Gleichgewicht und Balance heilen können. Wenn wir große Veränderungen in unserem Leben vornehmen, brauchen wir oft Schutz und Führung. Vor allem kleine Kinder müssen sich sicher fühlen können, und Gebete mit der Anrufung des Schutzengels haben vielen Kindern Frieden gebracht. Ähnlich geht es uns Erwachsenen: Wenn wir in Gefahr sind oder Zweifel haben, hüllen wir uns in weißes Licht. Fühlen Sie sich gerade sicher und geborgen? Bitten Sie um die Hilfe höherer Mächte! Sie werden kommen und Sie liebevoll umarmen!

Archetyp im traditionellen Tarot: DIE MÄSSIGKEIT/
DIE KUNST
Beherrschendes Tierkreiszeichen: Schütze

Der große böse Wolf

Im Tarot heißt die fünfzehnte Karte der Großen Arkana meistens DER TEUFEL. Künstler haben diese Gestalt entweder als tierähnliche Kreatur mit riesigen Flügeln oder als dämonische Fratze mit Hörnern dargestellt, wobei ein Mann und eine Frau an den Thron gekettet sind – ein Kubus als Symbol für die vierseitige, materielle Welt. Im *Tarot für das innere Kind* ist DER TEUFEL durch die Karte DER GROSSE BÖSE WOLF ersetzt worden.

Der Wolf taucht in vielen Kindergeschichten auf, unter anderem in "Rotkäppchen", "Die drei Schweinchen" und "Peter und der Wolf". Er steht gewöhnlich für die Personifizierung des Negativen, des Bösen, des Dunklen und dessen, was uns verderben und uns das Leben nehmen will. In der englischen Sprache wird der Begriff *evil* (das Böse) rückwärts gelesen zu *live* (Leben), und *devil* (Teufel) wird rückwärts gelesen zu *lived* (gelebt). Der Fuchs ist eine andere Variation des großen bösen Wolfes, der in vielen Kinderliedern auftaucht, und bemerkenswerterweise ist der numerische Wert von Fox die 666, die sogenannte Zahl des "Tieres" aus der Offenbarung des Neuen Testaments.

Aus psychologischer Sicht erzählen uns Märchen wichtige Wahrheiten über die dunklen Seiten des Lebens. Allerdings deuten sie nicht notwendigerweise auf eine Welt des Bösen hin, sondern enthüllen vielmehr die Kämpfe des menschlichen Egos, während es im physischen Universum nach Gleichgewicht und Verständnis sucht. Je mehr sich jemand eifrig und rechtschaffen bemüht, die dunkle Seite zu meiden, desto destruktiver kann das Schattenleben werden. Wenn man die Existenz von Schatten in der Schöpfung jedoch akzeptiert, beginnt das Licht in uns zu wachsen. In der dunklen oder hässlichen Seite der menschlichen Natur liegt die Saat zu wahrer spiritueller Vervollkommnung.

Wenn die Karte DER TEUFEL in einem Legemuster auftaucht, scheint sie einen bedrohlichen Ton zu haben, weil sie an Hölle, Scham und Sünde erinnert. Die Karte DER GROSSE BÖSE WOLF erinnert zwar auch an die teuflischen Kräfte in uns, ist dabei aber auch ein Symbol für die kollektive Dunkelheit (unerleuchtetes Bewusstsein) innerhalb der Menschheit. Heilung erfährt die menschliche Seele dann, wenn sie die Dunkelheit akzeptiert und mit Licht erfüllt. Wenn wir unsere Ganzheit ehren – einschließlich der quälenden Gedanken, der eingebildeten Scham, der scheinbar unverzeihlichen Sünden –, dann sind wir nicht länger Opfer unserer Ängste. Wir werden zu spirituellen Adepten und Eingeweihten des höheren Pfades kosmischer Entwicklung.

Das Bild auf dieser Karte ist wichtig. Der Wolf versteckt sich hinter einem Baum in einem kahlen Wald. Fruchtbarkeit und Wachstum sind verschwunden. Der Turm – das Symbol der künftigen Reinigung von den Begierden des Egos – liegt weit hinten. Der spirituelle Pfad zu höheren Zielen existiert zwar noch, aber die Straße scheint verlassen zu sein, und die Schatten sind zahlreich. Der Wolf darf sich nicht länger verstecken, sondern muss den Mut haben, in das Mondlicht zu treten, um geheilt zu werden. Er muss sich aus den Fängen der Selbstzentriertheit lösen und sich mit der Welt als Ganzes auseinandersetzen.

Wenn diese Karte in Ihrem Legesystem auftaucht, umarmen Sie die Ängste, Zweifel und bislang unintegrierten Aspekte Ihrer Seele.

Lassen Sie Ihr Licht in die dunklen Regionen Ihres Geistes scheinen, und akzeptieren Sie sich als eine Mischung aus höherem und niederem Selbst, als eine Verbindung aus geistigem und physischem Körper. Rufen Sie Ihre Wut, Ihre Eifersüchte und Antipathien auf den Plan, und verwandeln Sie sie in Freude, Mitgefühl und Verständnis. Wo Trennung ist, säen Sie Harmonie und Zusammengehörigkeitsgefühl. Wo Kummer und Seelenqual sind, bieten Sie Freunden und Verwandten Herzenswärme und Freundlichkeit an. Verwandeln Sie die Muster der Lüge und des Selbstbetrugs, und lernen Sie stattdessen, Ihre Wahrheit und Ihre Existenz zu leben.

Archetyp im traditionellen Tarot: DER TEUFEL
Beherrschendes Tierkreiszeichen: Steinbock

Rapunzel

Schon immer war der von einem Blitz getroffene Turm das zentrale Bild für die sechzehnte Karte der Großen Arkana. Männer und Frauen stürzen in die Tiefe. Die Botschaft der Karte lautet, dass wir unser Bewusstseins reinigen sollen, und sie beinhaltet die Erkenntnis, dass materielle Dinge keine Basis für ein spirituelles Leben sein können. Die Menschheit kann einen Turm zu Babel und schimmernde Wolkenkratzer errichten, aber wenn wir uns dem Himmel entgegenstrecken, muss Bescheidenheit unsere größten Anstrengungen und Leistungen begleiten.

Im *Tarot für das innere Kind* wird DER TURM durch die Karte RAPUNZEL ersetzt. In dem Märchen von Rapunzel betet ein Paar um ein Kind, und der Wunsch wird erfüllt. Während die Frau schwanger ist, sieht sie auf der anderen Seite ihres Gartenzauns einen wunderschönen Garten, und sie bittet ihren Mann, etwas von dem Gemüse zu holen, das dort wächst. Wie sich herausstellt, gehört dieser Garten einer Zauberin, die den Ehemann beim Stehlen der Kräuter erwischt. Die Zauberin ist erst dann bereit, ihm das Leben zu schenken, wenn er ihr seine Tochter verspricht. Hastig stimmt er zu und vergisst aus Liebe zu seiner Frau seinen gesunden Menschenverstand.

Als die Tochter geboren wird, nimmt die Zauberin sie mit sich, und im Alter von zwölf Jahren (zu Beginn der Pubertät) wird

Rapunzel in einen Turm gesperrt, der keine Treppe hat. Außer ihrer Schönheit besitzt sie eine wundervolle Stimme und lange goldene Haare.

Rapunzel hat nie einen Mann gesehen, doch eines Tages hört ein Prinz auf seinem Weg durch den Wald Gesang und beobachtet, wie die Zauberin ruft: "Rapunzel, Rapunzel, lass dein Haar herunter." Rapunzel lässt die Haare aus dem Turmfenster herab, und die Zauberin klettert daran hoch. Als die Zauberin verschwunden ist, ruft der Prinz dieselben Worte und klettert an den Haaren hinauf. Zuerst ist Rapunzel erschrocken, aber bald beruhigen sie seine sanfte Stimme und seine liebevolle Art.

Die Zauberin kommt Rapunzel und dem Prinzen auf die Schliche – und flugs schneidet sie Rapunzel die Haare ab und verbannt das junge Mädchen in eine Wüstenei. Als der Prinz zurückkehrt, nimmt die Zauberin Rapunzels Platz im Turm ein, lässt die Haare herunter und als der Prinz hochklettert, schneidet sie den Zopf ab. Der Prinz stürzt in die Dornen und verliert sein Augenlicht. Während er blind umherirrt, trifft er in der Einöde auf Rapunzel. Ihre Freudentränen geben ihm seine Sehkraft wieder, und sie leben glücklich und zufrieden, zusammen mit ihren Zwillingen, einem Jungen und einem Mädchen, bis an ihr Ende.

Der Gesang von Rapunzel steht für die Öffnung ihres Halschakras und betont ihren Wunsch, von der Welt gehört und anerkannt zu werden. Ihr langes Haar ist ein Symbol für die Entfaltung des ego-zentrierten Bewusstseins. Der erblindete Prinz steht als Symbol für die Notwendigkeit, unser aktives Verhalten zu stoppen und zu verhindern, von unseren äußeren Sinnen abhängig zu werden. Jedes Individuum, das sich im Stadium DES TURMS befindet, muss eine Reise nach innen antreten und seine höheren psychischen Fähigkeiten und intuitiven Gedankenprozesse entwickeln.

Wenn diese Karte in Ihrem Legemuster auftaucht, machen Sie sich auf Erlebnisse gefasst, die Sie transformieren werden. Das Einzige, was jetzt sicher ist, sind Veränderung und Metamorphose. Unerwartete, schockierende Ereignisse können geschehen, die Ihnen jedoch dabei helfen, Ihr Ego von alten Wünschen, Ängsten und Groll zu reinigen. Ein plötzlicher mentaler Durchbruch kann Ihnen helfen, sich aus alten Verhaftungen und Begrenzungen zu befreien. Wenn Sie als Maler, Musiker, Baumeister, Designer oder Bildhauer an einem Kunstwerk arbeiten, betrachten Sie das Material mit neuen Augen. Lassen Sie zu, dass Ihre physischen Werkzeuge und Quellen das Licht und die Liebe reflektieren, die von den spirituellen Ebenen des Bewusstseins strahlen. Und lassen Sie, wenn es um soziale und persönliche Dinge geht, "Ihr Haar herunter"! Es ist Zeit für einen Gangwechsel!

Archetyp im traditionellen Tarot: DER TURM
Beherrschender Planet: Mars

Der Zauberstern

Die vier letzten Karten der Großen Arkana erzählen die Geschichte der menschlichen Seele, während sie über die Schwelle des Todes in das jenseitige Leben (DER TOD - XIII) eintritt, mit DEM SCHUTZENGEL (XIV) verschmilzt, dem dunklen Engel (XV) begegnet und sich schließlich im TURM (XVI) von altem Karma reinigt und befreit. Das führt in der siebzehnten Karte zu der Erfahrung der Karte DER STERN und dem Wiederanzünden des göttlichen Lichts, der Weisheit und der strahlenden Liebe. Im *Tarot für das innere Kind* heißt diese Karte DER ZAUBERSTERN.

Die Alten betrachteten Sterne als lebende Wesenheiten, manchmal auch als himmlische Engel. In jüdischen Schriften heißt es: "Jede Geschichte, die ein Mensch hier auf der Erde erlebt, wird zuerst durch den Engel seines Sterns von oben angekündigt." Das erinnert uns an die Aussage, die Hermes Trismegistos zugeschrieben wird: "Wie oben, so unten" - das heißt, was im Makrokosmos (Sonnensystem) wahr ist, ist auch im Mikrokosmos (dem menschlichen Wesen) wahr oder wird dort reflektiert.

Die Karte DER ZAUBERSTERN verbindet uns erneut mit höheren Mächten, seien es Schutzengel oder himmlische Lichtwesen. Die Sterne des Universums spiegeln sich auf der Erde als fünfzackiger Stern, etwa in einem Apfelkern oder in einer fünfblättrigen Blume wie der Rose. Der fünfzackige Stern ist daneben auch ein Symbol für den schöpferischen Aspekt der Menschheit und das Potenzial eines jeden Individuums.

Jeder von uns wünscht sich, dass seine Träume wahr werden. Bei Kindern verstecken sich diese Wünsche oft in Phantasien und Vorstellungen: "Ich wünschte, ich könnte fliegen"; "ich wünschte, ich wäre eine Märchenprinzessin"; "ich wünschte, ich wäre eine Ballerina"; "wenn ich groß bin, werde ich Feuerwehrmann." Wünsche sind magisch. Sie bringen uns in Berührung mit einem Potenzial, das noch in uns schlummert, mit einer Vision, einer Hoffnung. Zu wünschen heißt, sich dem Annehmen zu öffnen; wir glauben, dass wir die Erfüllung dieses Wunsches verdienen, und wahrscheinlich werden unsere Träume in der einen oder der anderen Form in Erfüllung gehen.

Der Spruch "Achte darauf, was du dir wünschst, es könnte in Erfüllung gehen", ist allerdings eine wichtige Vorsichtsmaßnahme. Während Kinder heranreifen, muss Wünschen zum bewussten Akt werden. Viele Menschen sind sich der Macht der Wünsche oder der beschützenden Gegenwart der Sterne, die sie überstrahlen, nicht bewusst. Machen Sie sich also bewusst, dass es ein heiliger Akt ist, einen Wunsch zu äußern, wenn eine Sternschnuppe am Himmel erscheint – es ist die Anrufung der Großen Mutter und des Großen Vaters, die für jeden von uns himmlische Gaben mit sich tragen.

Wenn diese Karte in Ihrem Legebild auftaucht, wird ein großer Wunsch, eine große Bitte oder Hoffnung bald in Erfüllung gehen. Öffnen Sie Ihrem inneren Stern Herz und Verstand, er ist Ihre höhere Identität, die Sie auf dem Pfad des Schicksals führt. Vielleicht wandern Sie abends oder kurz vor der Dämmerung hinaus in die Natur und nehmen mit dem Himmel Verbindung auf, indem Sie sich auf die wundervolle Gegenwart eines Planeten, eines wandernden Sterns wie Venus, Mars oder Jupiter einstimmen oder auf einen strahlenden Fixstern wie Antares, Sirius, Aldebaran, Regulus oder

Arkturus. Denken Sie daran: Ihre wahre Essenz ist spirituelles Licht, das sich in diesem Leben in der Hülle eines physischen Körpers zeigt. Ihre inständigen Bitten und Gedanken haben die Macht, Freunde, liebe Menschen und die Allgemeinheit auf eine andere Ebene zu heben und zu heilen.

Archetyp im traditionellen Tarot: DER STERN
Beherrschendes Tierkreiszeichen: Wassermann

Aschenputtel

Die Seele hat sich von der Vergangenheit und aus den irdischen Verhaftungen befreit und muss jetzt auf ihrer Sternenodyssee weiterreisen. Die vier letzten Karten der Großen Arkana erzählen eine Geschichte über die großen Träume der Menschheit (im traditionellen Tarot DER MOND, XVIII), die Anbindung an die göttliche Quelle (DIE SONNE, XIX), den Ruf nach der Wiedergeburt in menschlicher Gestalt (DAS GERICHT, XX) und die Wiederkehr in einen neuen Zyklus der Entwicklung (DIE WELT, XXI).

Die achtzehnte Karte der Großen Trümpfe hat immer schon mit dem Zeichen Fische in Verbindung gestanden. Den Fischen werden in der körperlichen Entsprechung die Füße zugeordnet, und Aschenputtel bekommt abwechselnd hölzerne Schuhe und Glasslipper zum Tragen. Sie reinigt regelmäßig das Haus und ist die Sklavin ihrer Stiefmutter und ihrer Stiefschwestern, was ebenfalls ein Fische-Thema ist: Selbstaufopferung und Märtyrertum. Daneben kümmert sich Aschenputtel auch um den Ball, der das Wunder des heranwachsenden Kindes symbolisiert, das Teil der großen Gesellschaft wird und seinen Traumprinzen trifft (das Zeichen Fische beherrscht die Träume). Die Karte DER MOND steht außerdem für den astralen Bereich, der die Erde umgibt, er steht für alle menschlichen Sehnsüchte und Wünsche.

In dem Märchen ist Aschenputtel die Tochter eines reichen Mannes. Als ihre geliebte Mutter stirbt, heiratet der Vater eine Frau mit zwei eifersüchtigen und kleinlichen Töchtern. Da der Vater oft weg ist und sich die Stiefmutter um das Haus kümmert, wird Aschenputtel ihrer Stellung beraubt und zur Küchenmagd degradiert. Sie schläft in der Küche und muss hölzerne Schuhe tragen. Eines Tages bricht Aschenputtels Vater zu einer Reise auf und fragt seine Töchter, was er ihnen mitbringen soll. Die Stiefschwestern bitten um Juwelen und kostbare Geschenke, wohingegen sich Aschenputtel nur das erste Reis (Zweig) wünscht, das dem Vater auf dem Heimweg an den Hut stößt. Bei seiner Rückkehr bringt der Vater Aschenputtel einen Haselnusszweig mit, den das junge Mädchen auf das Grab seiner Mutter pflanzt. Die Haselnuss ist ein Symbol für Schutz: Sie repräsentiert das spirituelle Band, das durch die Kräfte der Unwissenheit und Dunkelheit nicht zerstört werden kann. Im Laufe der Jahre wird aus dem Haselnusszweig ein wunderschöner Baum, in dem Vögel aus der ganzen Welt ihre Nester bauen. Der Baum steht somit auch für die Lebenskraft, die Aschenputtel mit ihrem Ursprung, ihrer Mutter, der Kabbala, dem Baum des Lebens und ihrem Geist (den Vögeln) verbindet. Aschenputtel vergießt jeden Tag Tränen am Grab der Mutter, die den Baum benetzen. So teilt sie ihre tiefsten Kümmernisse und Gefühle mit ihrer Mutter. Interessant ist in diesem Zusammenhang, dass astrologisch gesehen Gefühle, Ursprünge (Wurzeln) und die Mutter dem Mond zugeordnet werden.

Der Prinz des Landes, in dem Aschenputtel lebt, kündigt eines Tages drei Bälle an. Um Aschenputtel an der Teilnahme zu hindern, gibt ihr die Stiefmutter schwierige Aufgaben, die viele Stunden harte Arbeit erfordern. Auch ein Kleid, das sie auf den Bällen tragen könnte, bekommt sie nicht. Aschenputtel, überwältigt und erschöpft, läuft zum Grab und vergießt Tränen des Kummers. Da bringen ihr die Vögel, die ihre Engelhelfer sind, ein wunderschönes Kleid und Pantoffeln aus Glas. In der Essenz bedeutet das, dass Aschenputtel von ihrer Mutter und dem Baum des Lebens einen Schatz erhält.

So kann Aschenputtel an allen drei Bällen teilnehmen, auf denen sie dann auch mit dem Prinzen tanzt.

Nach dem letzten Ball eilt Aschenputtel um Mitternacht eilig davon, lässt dieses Mal jedoch einen ihrer Pantoffeln zurück. Der Prinz sucht das ganze Königreich nach dem Mädchen ab, dessen Fuß in den Pantoffel passt. Als Aschenputtel den Pantoffel anprobieren muss, passt er einwandfrei, und das schöne Mädchen und der Prinz heiraten und leben glücklich bis an ihr Ende. Dieser wunderschöne Schluss erinnert uns daran, dass die Seele (Aschenputtel) und der Geist (der Prinz) immer ein Paar sind, deren Vereinigung eine kosmische Wahrheit ist.

Wenn diese Karte in Ihrem Legemuster auftaucht, sollten Sie Ihre verborgenen Gefühle in Bezug auf die Vergangenheit, Ihr Zuhause, Ihre Mutter, die Mysterien des Lebens und die Weisheit von Hekate, der alten Mondgöttin, unter die Lupe nehmen. Erkennen Sie die Bedeutung von Trauer und Bescheidenheit, denn sie sind oft Sprungbretter zu tiefer Freude und dem Strahlen des Herzens, denn schließlich sind die Lösungen für die schwierigsten Aufgaben im Leben das Ergebnis geistiger Arbeit, die unsere Seelen für künftige Dienste stärkt. Reflektieren Sie! Lassen Sie Ihre Tränen fließen, wenn es sein muss, denn sie sind die Wasser des Lebens. Nicht die äußere, physische Mutter ist die unbesiegbare Beschützerin eines Kindes, sondern die geheilte Mutter oder die Frau im Inneren, die erscheint, wenn die Seele gereinigt und geklärt ist. Vielleicht ist ein Spaziergang im Mondlicht der Beginn dieses Prozesses emotionaler und physischer Transformation.

Archetyp im traditionellen Tarot: DER MOND
Beherrschendes Tierkreiszeichen: Fische

Die gelbe Ziegelsteinstraße

Die neunzehnte Karte der Großen Arkana stellt normalerweise eine strahlend gelbe Sonne dar, die die Herrlichkeit dieser Quelle des Lebens ehrt. In alten Kulturen wurde die Sonne oft als Gott verehrt, als die strahlende spirituelle Präsenz, die alles möglich macht. Nach den letzten Untersuchungen des Weltraums wissen wir, dass die Sonne sogar einen solaren Wind abgibt, eine Art Sternenteppich aus geladenen Teilchen, vielleicht geheimnisvolle heilende Schwingungen, die bis zur Erde gelangen.

In einigen Versionen dieser Tarotkarte findet sich ein Kind, das nahe einem Garten mit Sonnenblumen tanzt oder auf einem Pferd reitet. Dieses Kind erinnert uns daran, dass wir wieder wie Kinder werden müssen – unschuldig, sorglos und froh – und dass kindliches Bewusstsein die Menschheit aus der Dunkelheit ins Licht führen wird. Erst dann werden wir zu unserer Göttlichkeit zurückfinden.

Im *Tarot für das innere Kind* steht die Karte DIE GELBE ZIEGEL-STEINSTRASSE für den Weg zu höherer Weisheit und spiritueller Wahrheit. Wenn wir uns nach dem Licht der Sonne ausrichten, versuchen wir, unsere Ziele zu verfolgen und Einsicht und Verständnis zu gewinnen. In der Geschichte "Der Zauberer von Oz" machen sich Dorothy und ihr Hund Toto auf der gelben Ziegelsteinstraße auf die Suche nach dem wunderbaren Zauberer von Oz, der Dorothy helfen soll, den Weg zurück nach Hause zu finden. Die gelbe

Ziegelsteinstraße steht hier für den goldenen Pfad, der ein Kind nach Oz bringt - zu seinem Höheren Selbst, dem Erwachsensein, der Gemeinschaft, dem wahren spirituellen Heim. Es gibt sogar eine Verbindung zwischen Aschenputtel mit seinen auf wundersame Weise erschienenen Glaspantoffeln und Dorothy mit den magischen Schuhen. Sie braucht nämlich nur die Absätze ihrer Schuhe dreimal aneinanderzuschlagen, um wieder nach Hause, nach Kansas, zu gelangen.

Auf dem Pfad trifft Dorothy andere Sucher - die Vogelscheuche, den Blechmann und den feigen Löwen -, die sie auf der Reise zur Selbstverwirklichung begleiten. Die guten Feen, bösen Hexen, glücklichen Flügelaffen und der hinterlistige Zauberer in dieser Geschichte - sie alle sind Erscheinungsformen unterschiedlicher Bewusstseinsstadien des Pilgers, die dieser in den einzelnen Abenteuern seines Lebens an den Tag legt. Die gelbe Ziegelsteinstraße ist jedoch der zentrale Punkt, sie ist der Pfad, dem man folgen muss, um das Endziel zu erreichen: das Zuhause - das Symbol für das Erwachen der Seele, des spirituellen Lichts und der Weisheit.

Zu Urzeiten sollen die Menschen wie das goldene Licht der Sonne gestrahlt haben; die Erde war noch erfüllt mit Sonnenleben. Es war das Goldene Zeitalter, als die Menschen mit den Göttern und Göttinnen gemeinsam lebten. Jetzt, in unserer heutigen Zeit, kann nur noch eine Reflexion des strahlenden Glanzes in unseren Alltag gebracht werden, aber viele Menschen lernen wieder, auch mit ihrem irdischen Bewusstsein in die Sonne einzutauchen.

Im alten China sprach Laotse vom Tao. Dieses Tao war der Weg des Lebens, der Pfad des spirituellen Schicksals. Von diesem Pfad abzukommen war leicht, und der Weg war gepflastert mit Herausforderungen und Hindernissen. Aber wer zentriert, ausgeglichen und auf den göttlichen Pfad fokussiert blieb, war ein wahrer Schüler und Eingeweihter. Die menschliche Seele, die ihre Entwicklung höher und höher schraubt, kehrt schließlich in den Kern der Sonne zurück, um wieder mit der göttlichen Substanz, dem Manna des Himmels, angefüllt zu werden. Dem goldenen Strom – der gelben Ziegelsteinstraße – bis in den äußeren Weltraum folgend, findet sich die Seele dann in Vorbereitung auf eine neue irdische Inkarnation, wenn die Trompete der Wiedergeburt ertönt.

Wenn diese Karte in Ihrem Legesystem auftaucht, kann ein Ausbruch spirituellen Sonnenlichts Ihren Geist erhellen und Ihr Herz erwärmen. Füllen Sie die dunklen Ecken Ihrer Psyche mit dem weißen Licht göttlicher Weisheit, und schaffen Sie eine Regenbogenbrücke des Mitgefühls und des Verständnisses, über die Sie schreiten können, um Ihren Weggefährten auf dem Pfad des Lebens zu folgen. Stehen Sie vor Sonnenaufgang auf, wandern Sie in der Natur und erleben Sie das Wunder der Wiedergeburt eines Tages. Gehen Sie ans Meer, und nehmen Sie das Strahlen der aufgehenden oder untergehenden Sonne mit ihrem orange-rötlichen Glühen am östlichen oder westlichen Himmel in sich auf. Zünden Sie eine Kerze an, meditieren Sie in einer Aura des Friedens und schicken Sie Ihre heilenden Gedanken und Gebete auf einem mehrfarbigen Strahl hinaus in die Menschheit. Machen Sie sich bewusst, dass Sie – egal, welche Fehler und Probleme Sie auch haben mögen – ein Licht der Welt sind.

Archetyp im traditionellen Tarot: DIE SONNE
Beherrschender Planet: Sonne

Die drei Schweinchen

In vielen Tarotdecks zeigt die zwanzigste Karte der Großen Arkana den Erzengel Gabriel, der eine Trompete bläst, während ein Mann, eine Frau und ein Kind aus ihren Särgen auferstehen. Es ist die Karte der spirituellen Wiedergeburt und des Jüngsten Gerichts, an dem sich die menschliche Seele entscheiden muss, ob sie sich von den höheren Ebenen entfernen und zum irdischen Leben zurückkehren möchte. Auf einer anderen Ebene deutet diese Karte an, dass man auf seine erworbene Weisheit und Unterscheidungskraft vertrauen muss, um potenzielle Feinde auszukundschaften und auf dem spirituellen Pfad zu bleiben. Die Karte DIE DREI SCHWEINCHEN beschreibt somit eine letzte Begegnung mit dem großen bösen Wolf und demonstriert, dass die Mächte des Lichts schließlich über die Kräfte der Dunkelheit triumphieren werden.

Obwohl in einigen Versionen von "Die drei Schweinchen" der clevere Fuchs als der Widersacher der Schweine auftaucht, dreht sich die bekannteste Version um einen ausgehungerten Wolf, der sich daran macht, seine Beute zu verschlingen. Jedes Schweinchen baut ein Haus, das für einen gewissen Charaktertyp und eine bestimmte Lebensqualität steht. Das erste Schweinchen baut so ein Haus aus Stroh, das zweite Schweinchen eines aus Stechginster, während das dritte Schweinchen ein Haus aus Ziegelsteinen errichtet. Mit großer Geschicklichkeit gelingt es dem Wolf, die von den beiden ersten Schweinchen gebauten Häuser weg- und umzupusten. Glücklicherweise sind sie zum Haus des dritten Schweinchens geflohen, und als der Wolf zum Haus aus Ziegelstein kommt, gelingt es ihm nicht, auch dieses wegzupusten.

Der Wolf versucht nun, das dritte Schweinchen auszutricksen. Als Erstes fordert er es auf, Rüben zu holen. Als Nächstes bittet er es, Äpfel pflücken zu gehen, und schließlich überredet er das Schweinchen, ihn zu einem Markt zu begleiten. In allen drei Episoden lernt das Schweinchen, seinen Feind zu überlisten: Es geht eine Stunde früher als geplant, um die Rüben zu ernten. Als es die Äpfel vom Baum pflückt, stößt es einige weg, und der Wolf jagt ihnen hinterher, während das Schweinchen flieht. Und auf dem Markt schließlich kauft das Schweinchen ein Butterfass, versteckt sich darin, als es den Wolf sieht, und rollt den Hügel hinab bis zu seinem Haus, während der Wolf ihm atemlos hinterherrennt.

Inzwischen ist der Wolf so wütend auf das dritte Schweinchen, dass er beschließt, auf das Dach zu klettern und sich durch den Schornstein hineinzustehlen. Das kluge Schweinchen jedoch, das seine Fußstapfen hört, stellt einen Kessel mit kochend heißem Wasser auf den Herd. Als der Wolf hinunterkommt, verbrüht er sich so sehr, dass er an seinen Verbrennungen stirbt, und es ist das Schweinchen, das den Wolf als köstliches Abendbrot verzehrt.

Der Sieg des dritten Schweinchens erinnert uns daran, dass die Mächte der Selbstsucht, der Gier und des Hasses – symbolisiert durch den Wolf – schließlich durch die Reinigung und Klärung des Feuers transformiert werden. Die dreifache Konfrontation der Schweinchen, die für die aufstrebende Menschheit stehen, mit dem Wolf, der die mächtigen Kräfte des Bösen und das Chaos in der Welt repräsentiert, enthüllt einen Blick auf den oft unsichtbaren, aber tatsächlich stattfindenden Kampf zwischen Hell und Dunkel auf der Erde.

Wenn diese Karte in Ihrem Legebild erscheint, achten Sie darauf, die Welt um sich herum so zu gestalten, dass Sie sicher in ihr leben können. Ist Ihr spirituelles, mentales, emotionales und physisches Universum in Wahrheit und Weisheit verankert? Konzentrieren Sie sich, wenn Sie Kunstwerke schaffen, mehr auf die Qualität als auf die Quantität. Folgen Sie dem Ruf der Wildnis, und lauschen Sie der Stimme in Ihrem Inneren, die Sie zur Erfüllung Ihres höheren Schicksals führen wird. Nehmen Sie sich Zeit, Entscheidungen abzuwägen, und machen Sie sich bewusst, wie Ihre Handlungen auf die Zukunft einwirken. Hören Sie auf, Ihre Kraft zu verschleudern, indem Sie andere kritisieren, sondern erinnern Sie sich an den alten Spruch: "Richtet nicht, auf dass ihr nicht gerichtet werdet." Stärken Sie lieber Ihre beschwingte und angeborene positive Natur, so dass die dunklen Elemente der Welt Ihre Entschlossenheit und Ihr Engagement nicht beeinträchtigen können.

Archetyp im traditionellen Tarot: DAS GERICHT
Beherrschender Planet: Pluto

Das kosmische Kind

Im traditionellen Tarot entspricht dieser Karte DIE WELT; im *Tarot für das innere Kind* ist DAS KOSMISCHE KIND eine menschliche Seele im Mutterschoß, die sich auf die Wiedergeburt vorbereitet. Dieses Kind steht für den Endpunkt einer langen Reise. Denn während die Seele durch Zeit, Raum, Materie und Geist fortschreitet, taucht sie zwischendurch immer wieder in das ursprüngliche Ei ein. Bei der Geburt tritt ein neues Wesen, vollständig und heil, in die physische Welt von Erde, Wasser, Luft und Licht ein, und diese Karte deutet bereits künftige Entwicklungen und die Durchdringung mit multidimensionalem Bewusstsein an.

Im materiellen Bereich des Universums geboren zu werden bedeutet, Leid zu erfahren – ironischerweise ist es dieses Band des Leids, das alle menschlichen Wesen auf der Erde miteinander verbindet. Dementsprechend ist diese Karte immer von Saturn beherrscht worden, der für Disziplin, Verantwortung, Konzentration, harte Arbeit, Verwundbarkeit und die Auflösung von "altem Karma" steht. Der tibetanische Meister D. K., der durch seine Schülerin Alice Bailey schreibt, bestätigt eine tiefe Verbindung zwischen Saturn und der Erde. Beide Planeten sind eng mit dem göttlichen Strahl verbunden, der die Energie aktiver Intelligenz und Anpassungsfähigkeit trägt.

Indem die menschliche Seele Leben für Leben schwierige Lektionen auf der Erde lernt, beginnt sie, die unermessliche Ausdehnung der

Existenz im unendlichen Universum zu verstehen. Der menschliche Embryo, der im Schoß seiner Mutter in den vierzig Wochen der Schwangerschaft heranreift, wiederholt im Zeitraffer die gesamte Evolution des Lebens auf diesem Planeten, da er zuerst einem Reptil, später einer Amphibie und zum Schluss den Formen der Säugetiere gleicht, bevor die Geburt erfolgt. Die Schönheit, Erhabenheit, Komplexität und Einzigartigkeit des Lebens auf Erden – alle diese Eigenschaften finden wir im menschlichen Baby.

Es gibt eine ungewöhnliche und dennoch deutliche Verbindung zwischen dieser einundzwanzigsten Karte der Großen Arkana und ihrer zahlenmäßigen Umkehrung, der zwölften Karte HANS UND DIE BOHNENSTANGE. Die Bohnenstange, die Hans hinaufklettert und die Himmel und Erde miteinander verbindet, ähnelt der Nabelschnur, die Mutter und Kind miteinander vereint. Hans, als die Märchenversion der Karte DER GEHÄNGTE, entscheidet sich freiwillig, "das Kreuz zu tragen", und geht durch einen Prozess der Selbstaufopferung hindurch. Ähnlich ist die Botschaft der Karte DAS KOSMISCHE KIND: Die Seele des Embryos trifft eine bewusste spirituelle Wahl, um die physische Welt erneut zu betreten und noch einmal "das Kreuz" des irdischen Lebens auf sich zu nehmen. So wie DER GEHÄNGTE (XII) seine Ansichten auf den Kopf stellt, um sich auf den Übergang, genannt DER TOD (XIII), vorzubereiten, so gibt DAS KOSMISCHE KIND (XXI) seinen göttlichen Zustand des Glücks auf, um der Menschheit zu dienen und den Übergang, die Geburt (DER NARR, 0), zu erwarten.

Die Sequenz der zweiundzwanzig Großen Arkana erreicht ihren Gipfel in der Karte DAS KOSMISCHE KIND, aber dieser Prozess ist eher ein kreisförmiger Tanz als eine Reihe linearer Bilder und Erfahrungen. Der Embryo – all die bedeutungsvollen Erfahrungen in sich tragend, die er auf seiner Reise durch die Großen Trümpfe gemacht hat – reift zum NARREN (ROTKÄPPCHEN) heran, und der Zyklus des Lebens beginnt von Neuem. Aus diesem Grund steht DAS KOSMISCHE KIND in tiefer Verbindung zur Magie des organischen Wachstums und zu den spirituellen Kräften, die unsichtbar wirken.

Wenn diese Karte in Ihrem Legesystem auftaucht, reifen mächtige und göttliche Einflüsse in Ihrer Aura. Umarmen Sie diese mit offenem Herzen, und machen Sie sich erneut bewusst, wie beschützt und umhegt Sie sind durch unsichtbare Helfer, Führer und Lehrer. Sie sind niemals allein! Erfahren Sie die universelle Harmonie, die von der Sonne ausgeht, dem heiligen Zentrum des Sonnensystems, und werden Sie zum rhythmischen Schlag Ihres eigenen Herzens – dem strahlenden Zentrum Ihres Körpers. Die Worte der Alten "Wie oben, so unten" sind wahr, denn kosmische Weisheit ist in Ihrer DNA und jeder einzelnen Zelle kodiert. Aber achten Sie vor allem auf eines: Werden Sie wieder wie die Kinder – staunen Sie, wundern Sie sich und entdecken Sie so viele Wunder! Sehen Sie mit neuen Augen! Berühren Sie die Welt, als wäre es das erste Mal! Sammeln Sie Kraft für die Riten der Einweihung, die vor Ihnen liegen!

Archetyp im traditionellen Tarot: DIE WELT
Beherrschender Planet: Saturn

- Teil 3 -

Die Kleinen Arkana

Einführung

Während die zweiundzwanzig Karten der Großen Arkana die Reise der menschlichen Seele auf ihrem Pfad des Schicksals symbolisieren, stehen die sechsundfünfzig Karten der Kleinen Arkana für die Erlebnisse des menschlichen Wesens innerhalb der vier Welten auf dem Planeten Erde. Die Zahl 4 steht dabei für die Verankerung des göttlichen Plans auf der Erde, die Manifestation spiritueller Gesetze in der Realität, die Errichtung solider Grundmauern und die harte Arbeit, die notwendig ist, um fühlbare Ergebnisse zu erzielen. Die vier Welten sind verbunden mit den vier Jahreszeiten, den vier Himmelsrichtungen, den vier Elementen - Feuer, Erde, Wasser, Luft - und den vier heiligen Buchstaben des hebräischen Namens Gottes, dem Tetragramm.

Vier Kartenfarben sind es auch, aus denen die Kleine Arkana besteht. Dabei sind aus den Stäben des traditionellen Tarots *Magische Stäbe* geworden, die ein Symbol für das Element Feuer darstellen, und die Schwerter sind zu *Schwertern der Wahrheit* geworden, die weiterhin das Element Luft symbolisieren. Der Kelch oder Heilige Gral der Christenheit, der in vielen Tarotdecks Pate stand für die Kelche, ist zu einem *Geflügelten Herzen* transformiert worden und steht für das Element Wasser. Und das alte okkulte Pentagramm, das auf alten Karten als Münzen oder Scheiben zu finden war, hat sich im *Tarot für das innere Kind* in einen wunderschönen Erdkristall verwandelt und repräsentiert das Element Erde mit seiner Kartenreihe der *Erdkristalle*.

Oft bestehen die Abbildungen auf den Karten der Kleinen Arkana allein aus sieben Schwertern, fünf Kelchen oder zehn Stäben auf einer Karte – ohne Szenen, Geschichten oder spirituelle Botschaften. In anderen Decks zeigten die Abbildungen zwar Szenen, aber auch viele esoterische Embleme, die schwierig zu entziffern waren. Im *Tarot für das innere Kind* wollten wir genau das vermeiden und haben herzerwärmende und spirituelle Szenen für die Darstellungen gewählt. Die in den *Magischen Stäben* dargestellten Feen sind die unsichtbaren Wesen, die der Natur Leben und Farbe einhauchen. Die Kinder und ihre Abenteuer in den Folgen der *Schwerter der Wahrheit* bringen die Neugier der menschlichen Seele und die Ungeduld zum Ausdruck, in die Mysterien des Lebens einzudringen. Die Wasserjungfrauen und Wassermänner in *Die Geflügelten Herzen* lenken unsere Wahrnehmung auf das Reich der Emotionen und der tiefgehenden Gefühle. Die Gnome in den *Erdkristallen* schließlich sind die im Verborgenen Arbeitenden, die dem Land, dem felsigen Boden und den Bergregionen Leben und Festigkeit verleihen.

Jede Reihe hat zehn nummerierte Farb- und vier Hofkarten. Wie bereits erwähnt haben auch die Hofkarten neue Namen erhalten, um die spirituelle Kultur unserer Zeit zu reflektieren. Der Bube (Page) ist jetzt das *Kind*, der Ritter ist zum *Sucher* geworden, die Königin ist die *Führerin* und der König der *Hüter*. Die Namen, Bilder und Qualitäten der Hofkarten im *Tarot für das innere Kind* erinnern uns daran, dass, unabhängig davon, welchem Pfad oder welcher "Farbe" des Lebens wir folgen, es Lehrer und Vorbilder gibt, die uns in einen erhöhten Zustand des Bewusstseins bringen können.

Wenn bei einem Legebild viele Karten einer Farbe auftauchen, ist das ein offensichtliches Signal dafür, die gesamte Bandbreite an Bedeutungen zu erkunden, die in diesem Bereich verborgen liegen. So sind zum Beispiel viele Stäbe als Bedürfnis nach Leidenschaft zu verstehen sowie als Wunsch, sich zu leben – wild und frei. Viele Schwerter dagegen symbolisieren den Wunsch, in der Welt zu handeln und Klarheit zu suchen, während viele Herzen dazu auffordern, sich in Liebe zu verlieren oder in die Reiche der Emotionen und der Sensitivität einzutauchen. Viele Kristalle in einer Legung drängen schließlich dazu, eine bessere Welt für sich selbst, die Menschen, die wir lieben, und die Allgemeinheit zu schaffen.

Auch wenn meist nur die zweiundzwanzig Karten der Großen Arkana für entscheidende Wendepunkte und Meilensteine im Leben stehen können, so bedeutet dies nicht, dass die sechsundfünfzig Karten der Kleinen Arkana "klein" sind, was ihre Bedeutung angeht. Wenn diese Bilder auftauchen, ist Ihre Intuition gefragt. Assoziieren Sie frei, um die Bilder mit kürzlichen Erlebnissen in Ihrem Leben oder dem Leben desjenigen, für den Sie diese Legung vornehmen, zu verbinden. Fühlen Sie in sich hinein, und sprechen Sie über das, was Sie gegenwärtig in den Karten sehen. Dann werden Sie vielleicht plötzlich verstehen, was die Karte für Sie oder den anderen bedeutet – und warum sie gerade jetzt auftaucht.

Die Magischen Stäbe

Im *Tarot für das innere Kind* stehen die *Magischen Stäbe* in Verbindung mit dem Element Feuer. Sie symbolisieren Kunst, Kreativität, Intuition und alles, was zum magischen Reich der Natur gehört.

Magische Stäbe wie Runen sind jahrhundertelang aus der Rinde von Bäumen und aus Zweigen von Obstbäumen und anderen Pflanzen geschaffen worden, um die kreativen Eigenschaften von Mutter Erde und ihre empfangende, weibliche Natur in den Orakelstäben zu spüren. In der Kartenfolge der *Magischen Stäbe* feiert eine Vielzahl von Blumenfeen und Naturgeistern die Verbindung des menschlichen Bewusstseins mit der höher schwingenden Hellsichtigkeit aus dem Reich der Devas oder Engel.

Die Stäbe öffnen uns für Freude und Leidenschaft, und sie laden uns ein, über unsere Begrenzungen hinauszugehen. Die Karten der *Magischen Stäbe* ziert oben in der Mitte ein Schmetterling, um uns an das Wunder des unsichtbaren Prozesses der Metamorphose zu erinnern. Jeder von uns kann in seinem Leben wieder und wieder eine kreative Transformation erleben.

Ass der Stäbe

Auf dieser Karte wird das unglaubliche Potenzial der Seele in der Gestalt eines Schmetterlings von zwei Feen enthüllt. In der walisischen Mythologie werden Feen als "die Mütter" oder "die Helferinnen" bezeichnet, und hier helfen die Feen dabei, die spirituelle Qualität der Menschheit zu befreien. In der griechischen Mythologie gibt es zudem eine Beziehung zwischen der Seele und dem Schmetterling, weil man glaubte, die menschliche Seele würde auf der Suche nach einer neuen Inkarnation zu einem Schmetterling. Daneben ist der leuchtend bunte Schmetterling, der sich von der Puppe über eine unscheinbare Raupe hin zu einem bezaubernden Geschöpf entwickelt, das Symbol schlechthin für Transformation. Er befreit sich von seinem dunklen Kokon und fliegt ins Licht ... und es ist sehr gut möglich, dass etwas Ähnliches gerade jetzt in Ihrem Leben passiert!

Wenn wir uns von alten Verletzungen geheilt haben, nehmen wir neue Farben an und tragen neue Schwingen der Hoffnung – Liebe, Seelenverbindung und Kunst können nun in Ihr Leben hereinflattern. Sie erleben eine begeisternde Wiedergeburt. Es ist Zeit, Ihre wahren Farben zu enthüllen. Der Flug hat begonnen!

Zwei Stäbe

Auf dieser Karte ist eine wunderschöne Fee abgebildet, die nach der tieferen Bedeutung ihrer Existenz sucht. Anders als Narziss, der sich lediglich in sein eigenes Spiegelbild verliebte, verbindet sich diese Fee allerdings mit ihrem "geliebten Selbst" oder dem Aspekt ihres Egos, der voller Liebe ist. Im eigenen Spiegelbild sieht sie ihre geheiligte Schönheit.

Wenn wir für die innere Transformation bereit sind, stehen wir unserem wahren Selbst von Angesicht zu Angesicht gegenüber. Wer oder was ist Ihr wahres Selbst? Ist es strahlend und leuchtend? – Sie durchleben gerade eine Zeit tiefer persönlicher Bewusstwerdung und Einsicht. Suchen Sie sich einen Platz in der Einsamkeit, wo Sie Klarheit finden können, und erforschen Sie Ihre verborgenen Talente. Intuitive Eingebungen werden Sie stärken, und vielleicht können Sie Ihr wahres Gesicht erkennen. Stellen Sie sich die Frage des buddhistischen Koans: "Wie sieht dein wahres Gesicht aus?"

Drei Stäbe

Die auf dieser Karte abgebildeten Feen spielen zierliche Violinen. Diese wunderschönen Saiteninstrumente sollen, so erzählt man sich, geschaffen worden sein, um die Ekstase der Schöpfung wiederzugeben. Die Feen spielen ihre Instrumente mit magischen Stäben, die zu Bögen transformiert wurden und die die Göttlichkeit ihres Spiels betonen. Sie tun dies unter Pfirsichbäumen, aus deren Holz im alten China magische Stäbe gefertigt wurden. Der Pfirsichbaum steht zudem in Verbindung mit dem Planeten Venus und symbolisiert Kunst, Musik und Liebe. Die drei Feen bringen wie die drei Musen hellsichtige Einsicht und intuitive Gaben.

Das kostbare Geschenk für Sie heute ist die Erinnerung an die Muse in Ihrem Herzen. Öffnen Sie sich der Freude des künstlerischen Ausdrucks. Die Musik des Universums ist konstant und fließend – werden Sie zu einem Teil dieses Flusses. Das Hauptthema dieser Karte ist die innere Kraft der Freude – Ihrer Freude und der Freude des Lebens schlechthin.

Vier Stäbe

Eines der letzten Mysterien der Schöpfung ist die Lebenskraft innerhalb der Saat. Wenn wir einen Garten bepflanzen, bereiten wir die Erde ähnlich vor, wie wenn wir für ein Kind ein gemütliches Bett schaffen: Wir bedecken die Saat mit fruchtbarer Erde, um ihr eine Zeit der Ruhe zu gönnen. Bald darauf werden die Samen dann zu einer strahlenden Pflanze heranwachsen, deren Knospen über der Erde platzen und sich dem Himmel entgegenstrecken.

Denken Sie, wenn Sie diese Karte gezogen haben, über die Metapher der Saat nach, die auf jeden Aspekt Ihres Lebens anwendbar ist. Es gibt die Saat des Wissens, die Saat der Wahrheit, die Reifung des Bewusstseins und so weiter. Diese Karte stellt das Pflanzen neuer Weisheit und das Hegen Ihrer Intuition dar.

Der Garten hat vier Ecken, sie stehen für die vier Jahreszeiten, die im alten Griechenland durch vier Frauen dargestellt wurden: Der Sommer wurde geschmückt mit einer Krone aus Ähren, der Herbst trug einen Korb Früchte, der Frühling einen Blütenkranz und der Winter war kahlhäuptig. Die Feen auf dieser Karte symbolisieren den Frühling, wenn neue Pflanzen aus der Erde sprießen und Wachstum bevorsteht.

In Ihrem Leben säen sich neue Ideen von selbst aus. Bereiten Sie Ihr Leben auf die Früchte vor, die Sie bald ernten werden. Pflanzen Sie die Schößlinge Ihrer Kreativität, und schauen Sie dabei zu, wie sie wachsen, blühen und gedeihen.

Fünf Stäbe

Eine fünfblättrige Blume ist von den Alchemisten oft als "der heilige Schoß" bezeichnet worden, in dem alle Perfektion und Schönheit wachsen kann. Flora, die Göttin der Blumen, die auf dieser Karte als Blumenfee dargestellt ist, ehrt die Zeit der Blüte, die ein lebenswichtiger Teil im harmonischen Zusammenspiel der Natur ist. Sie ruft Sie auf, das Göttliche, das in Ihrem Herzen schlummert, zu erwecken wie eine in der Knospe schlummernde Blüte und es nach draußen zu tragen. Ihre weibliche Seite wird erblühen. Es ist eine gute Zeit, um ein Mandala zu malen oder farbig zu gestalten. Visualisieren Sie beim Malen des Mandalas das Öffnen Ihrer Seele, und machen Sie sich bewusst, dass jetzt, in dieser Zeit Ihres Lebens, nicht Kampf, sondern Tanzen oder ein Entfalten Ihrer schöpferischen und intuitiven Kräfte angesagt ist. Konzentrieren Sie sich auf die schöpferische Freiheit, die das Universum Ihnen bietet. Das Wichtigste ist jetzt, sich zu öffnen – dann werden am Horizont Veränderungen sichtbar.

Denken Sie auch an die Bedeutung des wunderschönen Satzes: "Und der Tag kam, als das Risiko, fest verschlossen in der Knospe zu bleiben, schmerzvoller war, als das Risiko zu blühen."

Sechs Stäbe

Der 1. Mai steht für die Zeit des Jahres, in der sich die Erde meist zum ersten Mal wieder in ihr grünes Gewand hüllt, wunderschön geschmückt mit den Blumen des Frühlings als Farbtupfer. Am Abend vor dem 1. Mai ist es in manchen Orten noch üblich, einen Maibaum aufzustellen, und mit dem Tanz um den Maibaum soll die fruchtbare Zeit des Frühlings geehrt werden. Der Hintergrund für den Brauch, mit Bändern und Blumen um den Maibaum zu tanzen und ihn damit zu schmücken, ist, dass dem heiligen Schoß von Mutter Natur Dank entgegengebracht werden soll.

Alte Rituale wie der Tanz um den Maibaum, die japanische Teezeremonie, Chanukah (das jüdische Fest der Lichter) und St. Nikolaus sind in der westlichen Kultur trivialisiert worden. Doch diese Riten des Übergangs, die wahrhaft "heilige Zeiten" sind, sollen Einheit schaffen und das Gemeinschaftsgefühl stärken, aber auch Bewusstheit für die Verbundenheit der Kulturen untereinander schaffen – ein globales Bewusstsein.

Die Feenkinder auf dieser Karte bringen ihren Gesang und ihren Tanz nicht nur dar, um den Frühling anzukündigen und die Kraft der Natur zu wecken, sondern sie wollen auch ihre eigenen schöpferischen Kräfte zum Leben erwecken. Sie ehren den Höhepunkt eines strahlenden neuen Bewusstseins, das vor ihnen erblüht. Wenn diese Karte in Ihrer Legung auftaucht, ist es daher an der Zeit, Ihre leidenschaftliche Seite zum Ausdruck zu bringen und sich bewusst zu machen, dass Sie ein wichtiger Teil des sich ständig drehenden Rades des Lebens sind.

Sieben Stäbe

Diese Karte ist eine Heilkarte. Das auf der Karte abgebildete Feenkind besitzt das Wissen, wie man mit Blüten beziehungsweise der richtigen Verwendung der Pflanzenmedizin heilen kann, die auch die Menschheit bei ihrer Entwicklung und Bewusstseinswerdung unterstützen kann. Die Blumendevas und Naturgeister bieten uns die Essenz ihrer Blumen an durch heilende Mittel wie die Bach Blüten von Dr. Bach, der sagte, Blumen seien "wie wunderschöne Musik oder ein anderes wunderbares, erleuchtendes Erlebnis, das uns inspiriert, damit wir unsere ureigene Natur erheben und unserer Seele näher kommen; dieser Akt bringt uns Friede und Befreiung von unseren Leiden."[4]

Die sieben unterschiedlich gefärbten Schmetterlinge auf dieser Karte repräsentieren das Chakrasystem des menschlichen Körpers. Es ist ein alter tantrischer Glaube, dass jeder menschliche Körper sieben dieser mystischen "Lotoszentren" hat und diese entlang der Wirbelsäule an verschiedenen Orten platziert sind. Durch Meditation und tiefes Atmen können wir die Kundalini, die Lebenskraft, die am ersten Chakra zusammengerollt schläft, wecken, um Körper, Verstand und Geist Heilung zu bringen.

Vielleicht sind Sie bereit, die Tiefe und Transformation zuzulassen, die durch Chakraheilung, Blütenmittel oder andere hochschwingende Energiemedizin möglich ist. Ein Spaziergang in der Natur wäre ein guter Anfang. Dort können Sie sich den elementaren Heilern öffnen, die unseren Planeten umgeben und beschützen. Und während Sie Ihren eigenen Körper heilen, können Sie lernen, auch ein strahlender Heiler für Ihre Freunde und die Menschen, die Sie lieben, zu werden.

Acht Stäbe

Von den vier Elementen ist Feuer dasjenige, das sich in vielen Formen und Gestalten zeigt und häufig bei Ritualen und Zeremonien verwendet wird, um Transformation, Reinigung und spirituelles Erwachen zu betonen. Feuergötter und -göttinnen sollen in den Wäldern geboren und dann vom Blitz und der Sonne durchdrungen worden sein.

Auf der Karte ACHT STÄBE sind acht Feen abgebildet, die in den feurigen Bereich von Kraft und Verwandlung eingeweiht oder wiedergeboren werden. Ihre Stäbe werden neu energetisiert und durch einen alchemistischen Prozess verwandelt, während sie die Geburt eines neuen Bewusstseins erleben. Schließlich ist das, was in ihnen wirklich zum Erwachen kommt, das Licht der Welt.

Folgen Sie diesen Feen, während Sie Ihre Stäbe im lodernden Feuer entzünden. Vielleicht ist es an der Zeit, sich wieder mit einer Gruppe, Familie oder einem Bewusstsein zu verbinden, das über Ihre persönliche Kraft hinausgeht. Denken Sie daran: Die Art und Weise, wie Sie Ihre Kraft einsetzen, hat für die Erde bedeutende Folgen. Feuer kann zerstören oder heilen. Werden Sie zum Lichtträger, der die Wahrheit ehrt und Mitgefühl empfindet für alles, was auf der Erde lebt.

Neun Stäbe

Es gibt Zeiten im Leben, in denen uns die Tore zu einem neuen Bewusstsein geöffnet werden. Dieses neue Bewusstsein bietet eine andere Sicht auf die Welt, mit seiner Hilfe können wir uns den magischen Garten der Weisheit, der in uns lebt, zurückerobern oder uns diesem öffnen. Dort können wir lernen, unsere Fähigkeiten und Gaben optimal zu nutzen.

Wenn die Fee auf dieser Karte bereit ist, die Gartentür zu öffnen, wird sie eine Welt aus Kräutern, Blumen und Bäumen entdecken, die auf sie wartet und sie mit neuem Leben erfüllen und heilen wird. Ein Überfluss an Energie steht ihr zur Verfügung. Die Schmetterlinge auf den Zaunpfosten sind die Aspekte ihrer Seele, die zur Metamorphose bereit sind.

Das ist jetzt eine wunderbare Zeit in Ihrem Leben, in der Sie die geheimen Bereiche Ihres Geistes untersuchen oder eine wichtige Entwicklungsphase beenden können. In Ihnen verborgen liegt ein reicher, blühender Ort, Sie müssen sich nur auf den Weg dorthin machen. Schließen Sie die Augen, und stellen Sie sich vor, wie Sie die farbenfrohen und duftenden Gärten Ihres Verstandes und Herzens betreten ...

Zehn Stäbe

Sobald die Entscheidung getroffen ist, die Schwelle zu dem magischen Garten, der in der vorangegangenen Karte zum ersten Mal entdeckt wurde, zu überschreiten, erreicht die lange Reise zur Wiedergeburt ihr Ziel. Die Fee, die in den Garten gespäht hatte, tritt jetzt ein und erlebt eine spirituelle Heimkehr. Die bunten Schmetterlinge auf dem Tor sind in eine Krone aus weißen Schmetterlingen verwandelt worden und schaffen eine göttliche Aura des Schutzes und der Führung. Die Fee hält einen magischen Stab in der Hand, der mit einem wunderschönen Schmetterling in den Farben des Regenbogens gekrönt ist – als Symbol für ihre Einweihung in ein höheres Bewusstsein.

Die Zahl 9 steht in der Numerologie für Vollendung, die Qualitäten der 10 dagegen sind Verjüngung und Ekstase. Mit neun Schmetterlingen, die sie umkreisen, und dem zehnten als Teil ihres magischen Stabes ist diese Fee bereit für neue Verantwortungen und eine neue Aufgabe in den Künsten, in denen Intuition gefragt ist: Heilung, Kunst, Musik, Tanz und Ritual.

Während Sie über diese Karte meditieren, machen Sie sich bewusst, dass Sie gekrönt werden. Ihre Aura wird gereinigt, und wie die weißen Schmetterlinge werden Sie aufsteigen, um den unendlichen Kreis Ihres Höheren Selbst zu erforschen. Der regenbogenfarbige Schmetterling wird Ihnen als Brücke dienen, um Ihr Leben, mit dem Sie der Allgemeinheit und der Menschheit dienen, mit der Erde zu verbinden.

Kind der Stäbe
Der kleine Prinz

Oft sind es nicht die großen, teuren Geschenke, sondern die kleinen, herzerwärmenden Gaben, die uns im Gedächtnis bleiben. Das können die frisch gepflückten Osterglocken eines kleinen Kindes sein oder ein besonderer Stein, den ein Freund oder eine Freundin von einer Küste von weit her mitgebracht hat. Der kleine Prinz aus der zauberhaften Erzählung von Antoine de Saint-Exupéry beschreibt diese Wahrheit in wunderschönen Worten.

Ein kleiner Prinz, der von einem winzigen Planeten stammt, besucht die Erde und transformiert mit größter Einfachheit das Leben eines Mannes, der die Macht der Liebe verstehen lernt. Als der kleine Prinz ihn am Ende der Geschichte verlässt, um auf seinen eigenen Planeten zurückzukehren, bietet er dem Mann seinen Stern als Geschenk an. Der kleine Prinz sagt: "Die Leute haben Sterne, aber es sind nicht die gleichen. Für die einen, die reisen, sind die Sterne Führer. Für andere sind sie nichts als kleine Lichter. Für wieder andere, die Gelehrten, sind sie Probleme. Für meinen Geschäftsmann waren sie Gold. Aber alle diese Sterne schweigen. Du, du wirst Sterne haben, wie sie niemand hat ... Auf einem der Sterne werde ich wohnen. Auf einem von ihnen werde ich lachen. Wenn du bei Nacht den Himmel anschaust, wird es dir sein, als lachten alle Sterne ... Du allein wirst Sterne haben, die lachen können!"

Der kleine Prinz ist das Sternenkind in jedem von uns. Während wir uns für das Wunder der Sterne, der Blumen und allen Lebens im Universum öffnen, werden wir demütig gegenüber der göttlichen Gnade und dem geistigen Schutz. Auch wir können zu weit entfernten Orten reisen – in unseren Träumen und Visionen. Wir sind fähig, exotische Orte hier auf der Erde zu besuchen und wunderbare Menschen in allen Ecken des Globus zu treffen.

Wenn die Karte DER KLEINE PRINZ in Ihrem Legemuster auftaucht, ist das ein wunderschönes Geschenk an Sie. Die süßeste Liebe blüht in Ihrem Leben. Erheben Sie sich gedanklich in die Lüfte, und werden Sie zum wiedererweckten Kind der Liebe, das in Ihrer kreativen Vorstellungskraft lebt. Machen Sie einen Spaziergang im Mondschein, und schauen Sie hinauf zu den blinkenden Sternen. Sehen Sie, wie sie Ihnen zulächeln? Hören Sie ihr kindliches Lachen?

Sucherin der Stäbe
Dorothy

Irgendwo über dem Regenbogen, ganz oben, gibt es ein Land, von dem ich einmal in einem Wiegenlied hörte. Irgendwo über dem Regenbogen ist der Himmel blau, und der Traum, den du wagtest zu träumen, wird wirklich wahr. (Aus dem Film "Der Zauberer von Oz")

Viele von uns haben den wunderbaren Traum von Dorothy in "Der Zauberer von Oz" geteilt. Ein junges Mädchen aus Kansas gerät in einen Tornado und begibt sich auf eine Reise nach innen, während sie sich "auf den Weg macht, den Zauberer, den wunderbaren Zauberer von Oz zu besuchen", ein angeblich "hohes" Wesen, das sie zurück nach Hause bringen kann. Auf ihrem Weg trifft sie auf eine gute Hexe, eine böse Hexe, drei skurrile Gestalten - den feigen Löwen, den Blechmann und die Vogelscheuche -, die geflügelten Affen, die Pummel und andere. Schließlich findet sie durch die gute Fee des Nordens, die Nordhexe, ihren Weg nach Hause. Dieses engelhafte Wesen macht Dorothy klar, dass die Antwort auf ihr Problem in ihr selbst liegt. Später sagt Dorothy: "Wenn ich erneut auf die Suche nach meinem Herzenswunsch ginge, würde ich nicht über meinen eigenen Gartenzaun hinausschauen, denn wenn er nicht dort liegt, habe ich ihn nie wirklich verloren."

Während wir nach höherer Wahrheit suchen, werden oft unsere Vorstellungskraft und unsere Abenteuerlust stimuliert, so wie der

Tornado Dorothy im wahrsten Sinne des Wortes den Boden unter den Füßen wegzieht. Wenn wir uns auf eine metaphysische Reise machen, werden wir Führer und Helfer finden, die uns lieben und uns mit ihrer Weisheit weiterhelfen auf dem Weg, denn bei diesen Abenteuern brauchen wir loyale Freunde – bei Dorothy ist es unter anderem ihr treuer Hund Toto. Dennoch geschieht es immer wieder, dass wir uns auf ein bestimmtes Ziel zubewegen und dann feststellen, dass das, nach dem wir suchen, die ganze Zeit in uns selbst verborgen war ...

Wenn die Karte DOROTHY in Ihrem Legemuster auftaucht, folgen Sie Ihrem Schicksal, und machen Sie weiter auf Ihrer Lebenssuche. Entwickeln Sie Ihr Vertrauen und Ihre spirituelle Stärke. Vielleicht entdecken Sie zu diesem Zeitpunkt ungewöhnliche Realitäten beziehungsweise nehmen diese wahr, oder Ihre Träume mögen farbig, tief, lustig oder abenteuerreich sein. Führen Sie daher ein Traumtagebuch über Ihre nächtlichen Erlebnisse. Vielleicht ergibt sich jetzt auch die Gelegenheit für eine Reise – öffnen Sie sich für alles, was möglich ist. Unternehmen Sie etwas, damit Ihre Visionen wahr werden können. Lassen Sie die Angst los, verloren zu gehen und Fehler zu machen. Ihre Helfer und Führer werden Sie nach Hause geleiten, wenn Ihr magisches Abenteuer seinem Ende entgegengeht.

Führer der Stäbe
Der Rattenfänger

Nach der Sage wurde die Stadt Hameln von einer Rattenplage heimgesucht. Ein geheimnisvoller Fremder, der in die Stadt kam, versprach, die Ratten gegen eine Entlohnung in den Fluss zu treiben, und die Stadtväter stimmten hocherfreut zu. Aber nachdem er die Tat vollbracht hatte, hielten sich die Stadtväter nicht an ihren Teil des Vertrags. Der Rattenfänger wurde wütend und beschloss, auf seiner Flöte eine wundersame Melodie zu spielen, die alle Kinder in Hameln verzaubern sollte, so dass sie ihm zu einem freundlichen Berg folgten. Ein lahmer Junge jedoch, der versuchte, mit den anderen Schritt zu halten, wurde nicht eingeschlossen, da sich die Tür zu dem Berg schloss, bevor er eintreten konnte.

Der lahme Junge steht für den Teil der Menschheit, der von der Musik, der Muse berührt und sich ihrer Realität bewusst wird, aber nicht in der Lage ist, den Weg zu finden, seine Kraft in der Welt zum Ausdruck zu bringen. Der Junge steht zudem für den einmaligen Ausdruck göttlicher Weisheit, denn er ist nicht wie die anderen Kinder, und wir ehren diese Andersartigkeit, indem wir der Muse in unserem Inneren die Ehre erweisen.

Die Ratten stehen für die negativen Gedanken im Bewusstsein der Stadt, die einer Reinigung bedürfen - im Fluss. Die Stadtväter bezahlen den Flötenspieler nicht, weil sie in ihren materiellen Werten gefangen sind, und sie weigern sich, der Muse, der Kraft kreativer Kunst, Rechnung zu tragen. Wegen ihrer Blindheit und Unwissenheit verlieren sie ihren zukünftigen Genius in Gestalt ihrer Kinder.

Schließlich begreifen die Stadtväter ihre Fehler, und zu Ehren des Rattenfängers wird das "Rattenfängerhaus" errichtet. Jahre später erreichen Zigeuner die Stadt, und viele der Bewohner sehen in ihnen ihre verlorenen Kinder. Auf ihrer langen Reise ist den Kindern der Geist der Erkenntnis zuteilgeworden. Sie haben ihre Muse – symbolisiert durch den Rattenfänger – gefunden und sind nach Hause zurückgekehrt, um ihre Eltern an ihrer Erleuchtung teilhaben zu lassen.

Wenn die Karte DER RATTENFÄNGER in Ihrer Legung auftaucht, ist es Zeit, Ihrer inneren Führung zu folgen, Ihrer erfinderischen und erfindungsreichen Art des Denkens. Folgen Sie keinem äußeren Führer, der ein hypnotisierendes Lied pfeift; hören Sie lieber auf den sanften Refrain Ihrer inneren Musik. Gehen Sie spielerisch mit dem Leben um! Tanzen Sie! Singen Sie! Geben Sie Ihren künstlerischen Talenten nach, und ehren Sie den schöpferischen Geist, der Sie auf dem Pfad des Lebens weiterträgt.

Hüter der Stäbe
Raphael

Im geheimnisvollen und magischen Bereich des spirituellen Lebens soll es neun Ebenen unsterblicher Wesen geben, die den Schöpfer umringen und um Führung und Schutz der Menschheit und der vielen Welten der Natur bitten. Die alten Namen für diese Wesen sind Seraphim, Cherubim, Throne, Herrschaften, Kräfte, Gewalten, Fürsten, Erzengel und Engel. Die vier Erzengel heißen Raphael, Michael, Gabriel und Uriel.

Raphael, der auf dieser Karte abgebildet ist, ist der Erzengel der göttlichen Vorsehung, der über die Menschheit wacht und jeder Seele, die auf der Erde inkarniert ist, Führung und Schutz bietet. Wenn Sie Nahrung und Schutz brauchen, wird ein Schutzengel unter den wachsamen Augen von Raphael Ihnen helfen. Wenn Sie göttliche Weisheit brauchen, um auf der Straße des Lebens die richtige Abzweigung zu nehmen, kann Raphaels überwältigende Präsenz Ihr Herz und Ihren Verstand erfüllen. Der Name Raphael bedeutet zudem "Gott heilt"; die ersten beiden Buchstaben Ra sind eine Erinnerung an den ägyptischen Sonnengott Ra. Dieser Erzengel soll die Sonntage "regeln", und das Verständnis für ihn kann durch verschiedene Herzmeditationen wachsen.

Erzengel Raphael ist auch der Schutzengel aller Reisenden und aller Menschen auf religiösen und spirituellen Pilgerfahrten, weshalb er oft mit einem Stab und Sandalen dargestellt wird. Im *Tarot für das innere Kind* segnen seine Hände die Erde, während ein wunderschöner magischer Stab in sanftem Grün seine riesigen Flügel bildet. Raphael herrscht über den Frühling und enthüllt seine größten Gaben, wenn die Sonne durch den feurigen Widder (im März und April) wandert und die Erde, in Opposition zur Sonne, durch die harmonischen Schwingungen der Waage.

Wenn die Karte RAPHAEL in Ihrer Legung auftaucht, sind Sie durch die Präsenz des göttlichen Heilers gesegnet. Machen Sie sich die sensitive Kraft in Ihren Händen bewusst, die Freunden und Familienmitgliedern neue Stärke geben kann. Schicken Sie Gebete und erhebende Gedanken in die Köpfe und Herzen der menschlichen Wesen auf der ganzen Welt, und visualisieren Sie einen Strom goldener Liebe, der aus der Sonne hervorbricht, in Ihr Herzchakra eintritt und sich auf Ihre Weggefährten im Leben ergießt. Reisen Sie mit Vertrauen, schließen Sie neue Freundschaften, entwickeln Sie Ihr Vertrauen und bringen Sie Ihr Mitgefühl für alle Lebewesen zum Ausdruck.

Die Schwerter der Wahrheit

Auf alten Tarotbildern zeigen die Abbildungen dieser Reihe Kampf, Entmachtung, Kummer und Konflikt. Die Bilder der Schwerter im *Tarot für das innere Kind* hingegen porträtieren Eigenschaften wie Tapferkeit und Mut.

Die Schwerter stehen mit dem Element Luft in Verbindung und symbolisieren die Fähigkeit, Illusionen und falsche Ideologien zu durchschneiden. Sie bieten uns die Möglichkeit, die vielen Facetten des menschlichen Geistes auf Klarheit hin zu überprüfen, um die Wahrheit zu ehren. Wir erkennen dabei, dass wir die Wahrheit nicht in einzelnen Teilen finden können, sondern nur in der Gesamtheit.

Schwerter sind scharf und kraftvoll. Sie können schützen, zerstören oder neue Gebiete erobern – und auf dieselbe Weise können wir unseren Verstand einsetzen. Die Bilder dieser Reihe wollen Ihnen bewusst machen, wie Sie Ihre geistigen Fähigkeiten einsetzen. Blockieren oder fördern sie Ihr Leben?

Lassen Sie sich ein auf das Abenteuer der Reise in diese Farbe, und entdecken Sie die geheimen Schätze, die in den komplexen Mustern menschlicher Gedanken verborgen liegen.

Ass der Schwerter

Diese Karte zeigt, wie König Artus als junger Mann das magische Schwert Excalibur aus einem Amboss zieht. Durch diesen Akt wird er zum rechtmäßigen Erben des Throns von Britannien.

Über Jahrhunderte hinweg ist das Schwert ein Symbol für göttliche Herrschaft und Macht gewesen. Aber es ist viel mehr als das: Es steht für den spirituellen Willen, der Furcht und Selbstzweifel überwindet. Es ist die Stärke des klaren Denkens, das die negativen geistigen Armeen von Kummer und Entschlusslosigkeit vertreibt. Es ist die feurige Kraft der Intuition, ein Attribut des höheren Geistes, mit dem nicht jeder junge Mensch umgehen kann. Intuition ist hier die Fähigkeit, eine Wahrheit, eine Realität oder eine Situation aus sich heraus zu "kennen", ohne auf das rationale Denken zurückgreifen zu müssen.

Wenn ein junger Mensch ein magisches Schwert an sich nimmt und in den Händen hält, erhält er mentale Macht. Schließlich folgt der junge Mensch mit dem Schwert in der Hand seinem Weg des Schicksals, ein Krieger auf der Straße des Lebens. Am Anfang dieser Straße lernt jedes Kind das Alphabet, Worte, Sätze und die feine Kunst der Sprache – denn die menschliche Sprache ist eine Erweiterung dieses Schwertes göttlicher Wahrheit. Wenn das Kind schließlich Erfahrungen im Bereich der Schwerter gewinnt, kann das Schwert selbst sich verändern – in ein Musikinstrument, einen Stab der Weisheit, eine Fackel der Erleuchtung oder einen Füllfederhalter schöpferischer Weisheit.

Wenn das ASS DER SCHWERTER in Ihrem Legesystem auftaucht, sollten Sie sich darum bemühen, fokussiert zu denken. Packen Sie Ihren göttlichen Willen beim Schopf, und machen Sie ihn zu einem Werkzeug, mit dem sich negative Gedanken besiegen lassen. Denken Sie daran: "Nach dem Schicksal zu leben" bedeutet, von Umständen regiert zu werden, die außerhalb Ihrer Kontrolle liegen. Ihrem "Schicksal zu folgen" heißt, Ihrem spirituellen Erbe zu entsprechen und sich bewusst zu machen, dass Sie mit einem klaren Ziel auf diese Welt gekommen sind. Indem Sie "das Schwert aus dem Amboss ziehen", lernen Sie, Ihre mentalen Kräfte zu erforschen. Der Stein symbolisiert die einschränkenden Bedingungen, denen Sie sich bislang gegenübersahen. Nun stehen Ihnen aber die Geburt einer neuen Denkweise und der Abschied von Illusionen bevor. Die Karte kann auch den Beginn eines intellektuellen Projekts andeuten, das Schreiben eines Buches oder eine Reise.

Zwei Schwerter

Das Fechten ist eine Sportart, in der Geschicklichkeit, Balance und Anmut gefragt sind. Erfolgreich ist der Kämpfer, der sich flink und schnell bewegen kann und weiß, wann es an der Zeit ist, dem Gegner Zugeständnisse zu machen und sich ihm auszuliefern. Von der Anlage her kann unser Verstand auf diese Weise funktionieren. In unserem stressigen Alltag jedoch sind wir oft genug in Entschlusslosigkeit und Selbstzweifeln gefangen, und das Lösen der Konflikte im Leben kann zu quälenden geistigen Schlachten führen. Wir bleiben in der Folge oft starr oder unfähig, uns einer schwierigen Situation zu stellen, die vor uns liegt.

Diese Karte bietet die Chance, unsere mentalen Konflikte als Spiel oder als Sport zu sehen, in dem Balance und Ausgewogenheit der Schlüssel zum Erfolg sind. Das ganze Leben besteht aus Gegensätzen: Yin – Yang, männlich – weiblich, hell – dunkel, Freude – Sorge ... Wir müssen die eine Seite kennen, um ihr polares Gegenstück erfahren zu können. Die gekreuzten Schwerter stehen für den geistigen Konflikt, doch die strahlende Sonne hinter den Schwertern ist eine Erinnerung an die Ganzheit, die jede Form des Dualismus überstrahlt.

Vielleicht ist jetzt eine Phase in Ihrem Leben, in der Sie nach neuen Entscheidungen oder Antworten auf alte Probleme suchen. Öffnen Sie sich Ihrem Licht und Ihrer Weisheit, und lassen Sie die Antworten wie einen großartigen Sonnenaufgang aufsteigen ... und lassen Sie zu, dass alte Sorgen untergehen wie die Sonne am abendlichen Himmel. Die Klarheit wird kommen, wenn Sie sich sanft dem Augenblick hingeben.

Drei Schwerter

Diese Karte zeigt ein schönes junges Mädchen, das mit einem Dreieck, aus drei kleinen Schwertern bestehend, spielt. Sie denkt über Harmonie und Konzentration sowie über deren Wirkung nach. Auf dem Fenstersims über ihr thront ein Singvogel und lauscht ihrer Melodie. Dieser Vogel steht für die Freiheit.

Traditionell ist die Karte DREI SCHWERTER eine Karte, die Stress und Verwirrung anzeigt; oft deutet sie auch auf eine verlorene Liebe hin. Was jedoch tatsächlich verloren ging, ist die Selbstliebe, denn der Verstand hat die Verbindung zum Herzen verloren. Die Wiedervereinigung des Herzchakras mit dem Kronenchakra ist daher essenziell, damit Herz und Verstand wieder in einer melodischen Sinfonie erklingen können.

Die Zahl 3 steht für Freude, Harmonie und Kommunikation, und das Dreieck symbolisiert die spirituelle Einheit von Verstand, Herz und Körper. Das Mädchen lernt, wie es mit diesen drei Aspekten "spielen" und sie mischen kann. Die Mauern des Schlosses stehen für die Gedankenformen, die den Ausdruck der schönen Eigenschaften der Seele blockieren.

Denken Sie daran: Ihre Gedanken sind Ihre Verbündeten. Lernen Sie, mit Ihren Gedanken wie mit den Instrumenten eines Orchesters zu spielen. Ihre Ängste sind die Trommeln, Ihre Hoffnungen die Violinen und Ihre Siege die Trompeten. Suchen Sie die reine Freude des Geistes! Lassen Sie nicht zu, dass die Refrains des Selbstzweifels einen mentalen Missklang bilden. Ihre Alltagssprache kann so wunderbar sein wie ein zauberhaftes Konzert von Mozart. Auf der praktischen Ebene kann diese Karte Sie anregen, mehr Musik in Ihr Leben zu bringen. Spielen Sie ein Musikinstrument, oder hören Sie eine Ihrer Lieblingsplatten. Die Magie des Klangs kann eine heilende Kraft sein – die Ihren Verstand beschwichtigt, Ihre Emotionen beruhigt und Ihren Körper entspannt.

Vier Schwerter

In dieser Karte taucht die innere Wahrheit – symbolisiert durch den Strom – aus den Tiefen des Wassers der Vergangenheit empor, begleitet von dem Wunsch nach Freiheit (der weiße Vogel und das Floß). Das Floß ist eine Metapher für den sich gerade entwickelnden Verstand, und die Hoffnung auf höheres Wissen, das Schloss, ist weit hinten zu sehen, wenn auch nur schemenhaft.

Angeln ist eine entspannende Tätigkeit, ebenso wie den Strom auf einem Floß hinunterzutreiben. Während Sie versuchen, Erinnerungen aus dem Bereich des Unbewussten zu fischen, um Ihre Zukunft zu bauen, sollten Sie sich darum bemühen, den ruhigen Rhythmus des Flusses nachzuahmen. Beschleunigen Sie den Prozess nicht. Sehen Sie sich selbst als Fischer, vertiefen Sie Ihr Wissen, werfen Sie die Angel in die unbekannten Wasser des Lebens – und machen Sie sich auf den großen Fang gefasst. Diese Phase mentaler Reifung kann in jedem Alter beginnen und läutet das Erklimmen einer neuen Stufe des Bewusstseins ein.

Eine Zeit der Ruhe oder eine ruhigere Umgebung mag die Qualität Ihres Lebens verbessern. Tragen Sie Frieden im Herzen, wenn Sie in die Wasser tiefer Veränderung und Einweihung eintauchen.

Fünf Schwerter

Auf dieser Karte findet das Floß der Karte VIER SCHWERTER einen Platz, um anzulegen, und die Angel beziehungsweise das Schwert wird fest im Sand verankert. Der Junge lässt das Floß hinter sich und macht sich auf die Suche nach unentdeckten Wahrheiten, die vor ihm liegen. In der Numerologie steht die Zahl 5 in Verbindung mit Freiheit, Abenteuer und unerwarteten Veränderungen auf dem Pfad des Lebens, und die Seehunde am Ufer symbolisieren das Auftauchen unsichtbarer Lebenskräfte, die dem Jungen zur Verfügung stehen. Sein Bewusstsein ist, während er neue Ideen entdeckt, frisch und unverbraucht. Am aufregendsten ist hier die Entdeckung, dass sein Geist geklärt wird und strahlen wird wie die Sonne am Himmel hinter ihm.

Lassen Sie Ihre Vergangenheit zurück, und werden Sie sich der Wahrheit und der Freiheit bewusst, die vor Ihnen liegen. Missbrauchte Freiheit allerdings kann verwirrend und chaotisch sein – der Junge sitzt auf einem schlüpfrigen Felsen und muss sorgfältig darauf achten, nicht abzugleiten. Seien Sie daher wachsam, während Sie Quellen und Informationen sammeln. Setzen Sie Ihre Unterscheidungskraft ein, und klären Sie Ihre Ziele. Machen Sie sich dann auf erleuchtende Einsichten aus Bereichen tief in Ihrem Inneren gefasst. Dies ist eine Zeit, in der Schöpfergeist und Entschlossenheit gefragt sind. Am wichtigsten jedoch ist es, Ihre Aufmerksamkeit und Ihre Gedanken zu fokussieren.

Sechs Schwerter

Jedes Kind in dieser Szene hält einen Becher in der Hand, der für die Kraft des Herzens steht, und ein Schwert als Symbol für die Kraft des Verstandes. Das Ziel ist erreicht, und die Suche nach neuer Klarheit ist vollendet. Die Kinder haben gelernt, fokussiert zu denken und eine einheitliche Vision aufrechtzuerhalten, sie können Verantwortung übernehmen und sind einander in loyaler Freundschaft zugetan. Auf dieser Ebene ist der Einzelne mit der Gemeinschaft verschmolzen, und dadurch wird die Mission, dem Planeten zu dienen, möglich. Der erhöhte Geist, symbolisiert durch die Schwerter, ist von Licht durchdrungen, der Verstand ist klar.

Sie haben den Gipfel erreicht. Weise Voraussicht und Inspiration haben zusammen mit Ihrem Verstand gewirkt, und es ist, als würde warmes Sonnenlicht die Wasser negativen Denkens und der Furcht durchdringen und erhellen. Wir salutieren vor Ihnen! Setzen Sie sich aufrecht hin, schließen Sie die Augen und lassen Sie das Licht des Sonnenfeuers zu einem Elixier der Weisheit werden. Eine goldene Aura göttlichen Schutzes umgibt Sie. Jetzt ist es an der Zeit, der Menschheit mit einer klaren Vision zu dienen.

Sieben Schwerter

Auf dieser Karte hat ein junger Schüler mit der Aufgabe begonnen, heiliges Wissen zu enthüllen. Es ist eine Zeit der Kontemplation. Der Junge schaut aus dem Fenster, um einen friedlichen Sonnenuntergang zu beobachten, in dem weit hinten ein Schiff vorbeisegelt – und das Bild reflektiert den erweiterten Horizont, der vor dem Jungen liegt. Seine Federhalter haben die Form winziger Schwerter, die ihm helfen, die Wahrheit und die Klarheit, die sich aus seiner Einsamkeit ergeben, auf dem Papier zum Ausdruck zu bringen. Die Bücher vor ihm sind wertvolle Quellen. Traditionell steht die Schriftrolle für die Zeit, wobei der Teil, der entrollt ist, die Gegenwart ist, und das zusammengerollte Stück an jedem Ende steht für die verhüllte Vergangenheit und die unbekannte Zukunft. Die Symbole auf dieser Karte bedeuten demnach Studium, Erleuchtung und Kommunikation.

Wenn die Karte der SIEBEN SCHWERTER in Ihrer Legung auftaucht, mag es an der Zeit sein, neue Studien zu beginnen oder Ihre Liebe zu einem bestimmten Projekt oder zu einem besonderen Bereich der Forschung wiederzubeleben. Es ist eine Zeit der Ruhe und der Reflexion. Ihre innere Führung wirkt – sanft und unsichtbar. Aktivitäten wie Bücherlesen, Briefeschreiben und die Erprobung Ihrer Vorstellungskraft sind nun angebracht. Akzeptieren und nutzen Sie die Zeit, in der Sie allein sind – vielleicht möchten Sie mehr über Meditation, Kontemplation und Visualisierungstechniken erfahren. Aber am allerwichtigsten ist es gerade, einen Platz des Friedens in Ihrem Inneren zu finden.

Acht Schwerter

Auf dieser Karte wandern Kinder durch eine Höhle oder ein Labyrinth, das für die Reise der Seele in unbekannte Territorien steht. Ein Labyrinth wird häufig als Bild für einen Einweihungsweg verwendet, denn wenn tiefgehende Transformation ansteht, werden wir vielfach an die geheimen Plätze unseres Geistes geführt, um alte karmische Muster und unterschwellige Ängste aufzulösen. Orientalische Mystiker behaupten, das wahre Selbst würde in der Höhle des Herzens wohnen. Dorthin müssten wir gehen, um unsere Weisheit wiederzufinden.

Die Spinne steht für das Netz, das sich selbst webt und wieder auflöst. Unser Geist ist ähnlich beschaffen: Ständig schaffen wir unsere Gedanken neu und bilden sie um. Die Schlange, zu einer Acht zusammengerollt – dem Symbol der Unendlichkeit –, steht für die psychische Kraft und die Lebenskraft im Inneren. Sie erinnert uns an die Kundalini-Energie, die unser Rückgrat hinauf- und hinunterströmt, wenn sie nicht in unserem Wurzelchakra schlummert. Auch wir sind mit dieser Karte aufgefordert, uns mal aktiv und mal passiv zu verhalten, das heißt, uns den unterschiedlichen Lebenssituationen anzupassen, wenn wir adäquat auf den Ruf nach Änderung und Reifung antworten wollen.

Vielleicht fühlen Sie, dass dies eine Zeit der Prüfung in Ihrem Leben ist. Schieben Sie die Sorgen beiseite, und lassen Sie sich auf eine heilige Reise ein. Furcht zu überwinden ist möglich, wenn Sie bereit sind, sich ihrem trügerischen Antlitz zu stellen. Zerren Sie die tiefen Ängste, die Ihr Leben blockieren, ins Licht, und seien

Sie bereit, die verborgenen Bedeutungen anzuschauen und anzunehmen. Es ist eine einzigartige Möglichkeit, den Tempel Ihrer Seele zu reinigen - und am Ende des Tunnels ist immer Licht!

Neun Schwerter

Das Kind sitzt auf einer grünen Wiese und findet sich von neun Schwertern eingeschlossen. Es ist im übertragenen Sinne demnach nicht in der Lage, etwas jenseits der Grenzen der mentalen Strukturen (Schwerter) wahrzunehmen, die es selbst geschaffen hat. Es ist auch umgeben von einem seltsamen Drachen, seinem unerkannten Verbündeten, den es sich unwissentlich zum Feind gemacht hat. Wenn der Junge jedoch bereit ist, aufzuschauen und dem Drachen ins Gesicht zu sehen, wird er erkennen, dass dieses Tier ein machtvoller und noch nicht integrierter Aspekt seines eigenen Selbst ist.

Die Zahl 9 steht für Vollendung. Alte Gedanken können nun verabschiedet werden – auf unser Bild übertragen heißt das: Wenn sich das Kind dem liebevollen Prozess öffnet und den Drachen hereinlässt, werden sich die Schwerter Stück für Stück senken. Dennoch muss den Schwertern Achtung erwiesen werden, denn sie schützen den Jungen vor Kummer und der Weisheit, die er noch nicht bereit ist anzuerkennen. Im chinesischen Taoismus symbolisiert der Drache passend dazu einen Geist, der einem den Weg weist.

Machen Sie sich auf die Suche nach dem phantastischen Drachen in sich, und lassen Sie zu, dass er Sie zu einer transformierten Vision Ihrer Ziele führt. Machen Sie sich bewusst, wie Sie sich mit begrenzenden Gedanken oder starren Ideen selbst schaden, und seien Sie bereit, sich sanft und liebevoll für eine erweiterte Sicht des Lebens zu öffnen.

Zehn Schwerter

Triumph und Befreiung liegen in der Luft, denn der junge Ritter auf dieser Karte hat gelernt, seine innere Kraft zu akzeptieren. Der Drache ist von den Schwertern des Jungen umzingelt als Symbol für die Integration von Kraft und Mut, die es braucht, um Angst und Widerstände zu überwinden. Während der Junge das zehnte Schwert in den Boden stößt, bildet sich ein Kreis um den Drachen – ein Zeichen dafür, dass der Junge die Einheit von Körper, Geist und Seele erreicht hat.

Sie sind jetzt frei, den Beginn eines neuen Zyklus bewusster Wahrnehmung zu beginnen. Sie haben sehr hart gearbeitet, um geistige Blockaden und Spannungen zu überwinden, und jetzt wissen Sie, wie viel Mut es bedarf, um den Geist von negativen Gedanken zu reinigen – Sie haben dem Drachen ins Antlitz geschaut. Sie haben wahrlich einen Orden verdient! Sie sind nun bereit für eine neue Runde im Abenteuer des Lebens, und bei künftigen Krisen wissen Sie, was zu tun sein wird. Machen Sie sich die Weisheit und die Erfahrung zunutze, die Sie aus der Vergangenheit gewonnen haben, und denken Sie daran, auf dem Weg davon zu zehren. Denken Sie auch daran, dass der Geist sehr machtvoll ist und sie ihn stets mit freundlichen und liebenden Gedanken nähren müssen.

Kind der Schwerter
Pinocchio

Ein armer Tischler namens Geppetto, der eine Puppe schnitzt, entdeckt eines Morgens, dass die Holzfigur, die er geschaffen hat, sprechen kann. Immer wenn Pinocchio, so tauft der Tischler sein Geschöpf, lügt, wird seine Nase ein Stück länger, und im Laufe der Geschichte muss Pinocchio eine Menge über Wahrheit und Ehrlichkeit lernen. Schließlich lernt er durch viele Missgeschicke auch die Tugenden der selbstlosen Liebe und des Dienstes an der Menschheit.

Wenn wir beginnen, der jugendlichen Unwissenheit zu entwachsen, kann die Karte PINOCCHIO in einer Legung auftauchen. Wir sind nun keine Marionetten mehr, die nach den Klängen von Wunsch und Begierde tanzen, sondern menschliche Wesen, die einer reiferen Sicht des Lebens entgegenstreben. Pinocchio erreicht seinen Traum, ein wahres menschliches Wesen zu werden, indem er seine eigene Sehnsucht nach Liebe opfert und seinen Schöpfer Geppetto heilt.

Mit dieser Karte werden Sie aufgefordert zu untersuchen, wie ehrlich Sie sind. Machen Sie einen sauberen Schnitt und Schluss mit allen seit langem bestehenden Mustern der Lüge, des Klatsches und der Selbsttäuschung! Betrachten Sie sich selbst ganz ungeschminkt, und lernen Sie, die Willenskraft und die mentale Disziplin des Schwertes einzusetzen, um auf Ihrem Pfad des Schicksals zu bleiben.

Sucher der Schwerter
Der Vogelscheuchenmann

Sowohl Pinocchio als auch die Vogelscheuche in "Der Zauberer von Oz" sind nicht vollständig menschlich, aber von Menschen geschaffen, und sie streben danach, die Kraft zu entwickeln, für sich selbst zu denken. Als sich der Vogelscheuchenmann vorstellt, fehlt ihm jegliches Selbstbewusstsein, und er sagt: "Ich kann nicht einmal einen Vogel verscheuchen." Später jedoch, als er die gelbe Ziegelsteinstraße entlangmarschiert, wird er recht einfallsreich und clever. Es hat den Anschein, als ob die Reise ihn dazu bringen würde, sein Wissen herauszukehren, und als er auf den Zauberer trifft, merkt der Mann aus Stroh, dass sein eigener Verstand und seine eigene Intelligenz voll und ganz ausgebildet sind. Als Dorothy bereit ist, nach Hause zurückzukehren, dreht sie sich um zu ihrem geliebten Weggefährten und sagt: "Vogelscheuche, dich werde ich am meisten vermissen." Dies deutet auf die Würde und Wichtigkeit des Intellekts und des klaren Denkens hin.

In der Karte SUCHER DER SCHWERTER stehen die beiden Schwerter für den Mangel an Entschlusskraft, für geistigen Konflikt und dualistisches Denken, die alle drei schließlich harmonisiert werden. Die Sonnenblumen sind ein Symbol für das Potenzial, das jedem Menschen eigen ist und mit dem er sein Schicksal erfüllen kann, um in aller Bescheidenheit aufzusteigen und sich vor der strahlenden Helligkeit der lebensspendenden Sonne zu verneigen. Die Vogelscheuche wird dargestellt als riesige Sonnenblume, die versucht, die Willenskraft und Klarheit des Geistes zu entwickeln, was ihr schließlich auch gelingt.

Die Karte DER VOGELSCHEUCHENMANN steht für Unschuld und Naivität. Ihre sorglose und spontane Art erinnert uns an DER NARR oder den Possenreißer, der sich seiner Aufgabe bewusst wird: die böse Hexe zu überlisten und Dorothy auf ihrer Mission zu helfen. Zu dem Zeitpunkt ist er bereit, seinen Verstand zum Wohl der Gemeinschaft einzusetzen. Er gibt seine Selbstsüchtigkeit auf und setzt sich für seine Gefährten ein – und der Verstand der Vogelscheuche verwandelt sich von dem Samen der persönlichen Erleuchtung in eine Blume göttlichen Mitgefühls.

Wenn die Karte DER VOGELSCHEUCHENMANN in Ihrer Legung auftaucht, sollten Sie mehr Vertrauen in Ihre geistigen Fähigkeiten haben. Trainieren Sie Ihren Intellekt, erweitern Sie Ihr Vokabular, lesen Sie im Lexikon, lernen Sie eine neue Sprache oder studieren Sie die literarischen Klassiker. Machen Sie einen mutigen Schritt, um Ihren intellektuellen Horizont zu bereichern, aber vermeiden Sie Zögern und Entschlusslosigkeit. Goldene Gelegenheiten liegen immer für den auf der Straße, der Voraussicht und Weisheit walten lässt.

Führer der Schwerter
Robin Hood

Robin Hood und seine Anhänger haben im 12. Jahrhundert in England gelebt. Sie waren Ausgestoßene der Gesellschaft, die die reichen normannischen Herren beraubten und ihre Schätze den armen Bauern gaben. Der wahre Robin Hood war ein brillanter Bogenschütze und Fechter, der schon damals zur Legende wurde. Die Erfahrungen dieser Männer erinnern uns an die Taten von König Artus mit seinen Rittern der Tafelrunde und auch an die Zeit von Jesus mit seinen zwölf Jüngern. In Frankreich kam übrigens fast drei Jahrhunderte nach Robin Hood eine andere "Führerin der Schwerter" auf den Plan, um eine Nation aus dem Sklaventum heraus und ins Licht zu führen. Diese Führerin der Schwerter war Johanna von Orleans (Jeanne d'Arc).

Während einer Zeit, in der die Regierungsmitglieder korrupt waren und politische Intrigen planten, sind Robin Hood und seine Bande zu Symbolen der Gerechtigkeit, des Dienstes am Menschen und des guten Willens geworden. Der FÜHRER DER SCHWERTER steht für Verständnis, Intelligenz und Liebe für das eigene Volk oder die Gemeinschaft. Das, was in der Karte PINOCCHIO nur als Potenzial vorhanden war und in der Karte DER VOGELSCHEU-CHENMANN zum Teil Wirklichkeit wurde, ist in der Karte ROBIN HOOD zu vollem Leben erwacht.

Auf dieser Karte trägt Robin Hood das Schwert der Wahrheit an seiner Seite und die Pfeile, die für ein höheres Bewusstsein und

Zielorientiertheit stehen, in einem Köcher auf seinem Rücken. Er hat soeben das Gold entdeckt, das mehrere reiche Aristokraten den Armen gestohlen haben, indem sie diese mit zu hohen Steuern belegt und belastet haben.

Wenn in Ihrer Legung die Karte ROBIN HOOD auftaucht, seien Sie bereit, in seine Fußstapfen zu treten. Ergreifen Sie die Initiative, und helfen Sie den Bedürftigen. Seien Sie den Armen gegenüber großzügig, und lehren Sie andere Werte wie Gerechtigkeit, Fairness, Gleichheit und Ehre. Streifen Sie auch durch die Wälder, und lernen Sie, mit der Natur im Einklang zu leben.

Hüter der Schwerter
Michael

Erzengel Michael gilt seit jeher als Oberhaupt der christlichen Armeen, als Anführer der himmlischen Heerscharen. Er war der "Engel mit dem gezogenen Schwert", der Josuah vor der Schlacht von Jericho erschien. Als die Trompeten erklangen, stürzten die Mauern ein, und die Sonne stand still. In der Offenbarung soll er Tausende von Engeln mit seinem Flammenschwert in die apokalyptische Schlacht gegen den alten Drachen, das Symbol für den Satan, die gefallenen Engel und die Dämonen geführt haben. Michael ist die himmlische Personifizierung der spirituellen Macht und Willenskraft, und wenn Sie Ihren Geist vor negativen Gedanken und Verwirrung schützen müssen, wird ein Gebet an einen Engel aus Michaels Reihen Sie trösten. Wenn es Zeit ist, eine Extraportion Mut aufzubringen, um eine wichtige Entscheidung in Ihrem Leben zu treffen, wird die strahlende Führung von Michael ebenfalls einen Pfad der Wahrheit für Sie ausleuchten, dem Sie folgen können.

Der Name Michael bedeutet "der, der Gott gleicht", und Michael versucht, in den Menschen das Gefühl für Gottes ehrfurchtgebietende, schöpferische Kraft zu wecken. Seine Stärke ist am besten spürbar, wenn die Sonne durch das Sternbild Waage (im September und Oktober) zieht und die Erde, in Opposition zur Sonne, durch den feurigen Widder wandert.

Auf dieser Karte trägt Michael das Schwert der Wahrheit. Mentale Klarheit und guter Wille werden in Freundschaft geopfert. Diese

Karte erinnert uns auch an den Weg des Kreuzes, an den Schmerz und das Leid, das wir viele Leben lang ertragen müssen, wenn wir unseren Freunden und Gefährten dienen. Die rote Rose steht für das Erblühen der Menschheit und die mystische Gemeinschaft planetarischer Krieger, die dem Christus universeller Liebe ewige Treue geschworen haben.

Wenn sich Michael bei Ihnen bemerkbar macht, sind Sie vielleicht erschöpft von einer der vielen Schlachten in Ihrem Leben. Entfachen Sie dann Ihre Leidenschaft neu, nach der höchstmöglichen Wahrheit zu leben, und gehen Sie Ihren Weg durch das Leben mit Bescheidenheit, Vertrauen, einem Herzen aus Gold und noblen Absichten. Der Geist von Ehrlichkeit und Rechtschaffenheit umweht Sie. Erinnern Sie sich auch an die Worte Jesu im Garten von Gethsemane kurz vor seiner Kreuzigung: "Nicht mein Wille geschehe, sondern deiner." In einem besinnlichen Zwischenspiel können Sie Ihren Glauben und Ihr Vertrauen in die höheren Kräfte wiederfinden.

Die Geflügelten Herzen

Die *Geflügelten Herzen* des *Tarots für das innere Kind* entsprechen im traditionellen Tarot der Reihe der Kelche, die dem Element Wasser zugeordnet sind. Sie symbolisieren den weiblichen, empfangenden Aspekt des Herzens, der unsere Gefühle, Emotionen, Träume und unsere liebevolle Natur einschließt und im Einklang ist mit den geheimnisvollen Zyklen des Mondes.

Ein geflügeltes Herz ist ein göttliches Symbol, das für die Freiheit steht und für bedingungslose Liebe. Die Sufis, die die Essenz des Islams wie auch die aller übrigen Religionen anzapfen, verwenden dieses Symbol als Emblem der Liebe und Hingabe.

Die Nixen, Wassermänner und Unterwasserszenen, die in dieser Reihe gezeigt werden, verbildlichen die unbewussten Kräfte, die unter der Oberfläche unseres Alltagsbewusstseins liegen. Sie stehen auch für die verborgene Magie der Welt der Träume, die einen großen Teil unserer schöpferischen Vorstellungskraft bildet. Nixen sollen in Bächen, Flüssen und in Ozeanen leben und die Schätze unterseeischer Paläste hüten. Sie dienen als Hüterinnen und Bewahrerinnen der Liebe, und sie kommen, um zu heilen und zu nähren. Sie bitten uns, die Reiche zu suchen, die in der Tiefe des Herzens verborgen sind – der Schlüssel dazu liegt darin, sich für die menschliche und göttliche Liebe zu öffnen.

Ass der Herzen

Wahre Liebe ist vor allem Vertrauen, die Hinwendung zu einem anderen Wesen – dann erfahren wir eine unbeschreibliche Ehrfurcht, die aus der Erfahrung der Vereinigung mit einem geliebten Menschen entsteht. Ihr Geliebter kann dabei eine andere menschliche Seele sein, jedoch auch Ihr inneres Selbst. Letztere Verbindung sollte vielleicht sogar an erster Stelle stehen, denn um das Gefühl der Zuneigung für einen anderen Menschen zum Ausdruck bringen zu können, muss man zuerst die Liebe zu sich selbst im Herzen tragen.

Auf dieser Karte spielen zwei Nixen fröhlich mit einem geflügelten Herzen, das aus dem Wasser aufsteigt und einen leuchtenden Sonnenaufgang dargestellt, der das goldene Licht des Himmels berührt. Dieses Herz ist das Gefäß für die Essenz des Lebens, geschmückt mit den Flügeln spiritueller Freiheit.

Ein Ass deutet immer auf etwas Positives hin, und so kündigt diese Karte an, dass eine neue Gelegenheit in der Liebe aus den Tiefen der Vergangenheit, durch den Ozean symbolisiert, aufsteigen wird. Diese neue Liebe kann ein Mensch, eine Idee, die Verwirklichung eines Traumes oder ein neuer kreativer Versuch sein. Öffnen Sie Ihr Herz für die Möglichkeiten, die Ihnen diese Karte bietet, weil sie die Schlüssel zu den höheren Dimensionen universeller Liebe sind. Vertrauen Sie der Liebe, denn sie kann Sie in Zeiten der Krise trösten. Liebe ist wie eine ewige Flamme, deren stetiges Licht Ihnen in Phasen persönlicher Dunkelheit den Weg zeigen kann. Liebe ist immer da und wird Sie nie verlassen.

Zwei Herzen

Die heilige Vereinigung auf der Gefühlsebene wird auf dieser Karte durch die Nixe und den Wassermann personifiziert. Ein Regenbogen verbindet sie und gleicht sie aus, und zwei Delphine zeigen den Sprung über den Regenbogen, im Gleichklang und in Freude. Nach einem Mythos wurde der Delphin zwischen den Sternen als die Konstellation *Delphinius* angesiedelt, weil er die Rolle des Heiratsvermittlers gespielt und die Meeresgöttin Aphrodite mit Poseidon vermählt hatte. Diese Karte kann daher entweder für zwei Menschen stehen, die sich lieben, oder für zwei Aspekte eines Menschen, die nach Einheit und Ganzheit streben. Demnach ist die Bedeutung dieser Karte Hochzeit in jeglicher Form.

Die Zahl 2 steht in jeder Farbe für das Potenzial, Dualität auszugleichen. Vielleicht haben Sie Ihr Herz jemandem geschenkt, von dem Sie glauben, dass er ein geliebter Partner/eine geliebte Partnerin ist. Dieser spirituelle Partner kann ein Liebhaber, ein Freund oder, auf der spirituellen Ebene, ein Erwachen sein. Wenn Sie über die tiefere Bedeutung dieser Karte meditieren, denken Sie daran, dass Ihr Herz eine Regenbogenbrücke aus lebendiger Farbe und strahlendem Licht ist, die Sie mit der Quelle des göttlichen Kindes im Inneren verbindet und Ihnen hilft, alte Wunden im Herzen eines geliebten Menschen zu heilen.

Drei Herzen

Auf dieser Karte schickt eine glückliche Muschel "kichernde Luftblasen" nach oben, während eine gesunkene Schatztruhe mit großen Reichtümern und Juwelen ungeöffnet auf dem Meeresboden liegt. Zwei fröhliche Seegeschöpfe tanzen zu den magischen Klängen einer Muschelharfe, die von einem dritten Seegeschöpf, einer Nixe, gespielt wird. Die tantrische Tradition nennt Rhythmus den "Klang der Kraft" oder den "Herzschlag des Absoluten", und dieser schlagende Ton ist hörbar, wenn man in die Tiefen des Bewusstseins eintaucht. Die Karte DREI HERZEN ist ein jubilierender Ruf, der in Ihrem Inneren den Geist des Spiels, der Phantasie und der ewigen Freundschaft weckt.

Während Sie das kleine Kind entdecken, das in Ihrem Herzen wohnt, lassen Sie Ihre Gefühle wie Luftblasen nach oben steigen. Lassen Sie dieses Kind wissen, wie sehr es geliebt und gehegt wird, und huldigen Sie ihm mit einem Tanz. Diese Karte kann auch für ein Fest oder eine Feier stehen, denn die Zahl 3 symbolisiert ein künftiges Zusammensein mit Freunden und Familie. Lauschen Sie der Musik, und vergessen Sie nicht zu tanzen ...

Vier Herzen

Versunkene Schätze, verlorene Hoffnungen, gebrochene Herzen und tränenreiche Abschiede – sie alle sind Aspekte der emotionalen Reise, auf die wir uns in unserem Leben begeben müssen. Auch wenn diese Zeiten schmerzlich sind, gibt es doch immer auch die Zeiten der Hoffnung in ihnen. Ein gebrochenes Herz ist zudem ein offenes Herz, und wenn Sie bereit sind, tiefe Gefühle zuzulassen, dann werden Sie stets das Geschenk der Liebe finden. Kummer ist nur der Vorbote von Freude.

Die freundliche Nixe auf dieser Karte hat indes alle Hoffnung verloren. Das Boot, das sie gesteuert hat, ist während eines Sturmes gesunken, und das Medaillon mit ihrem geflügelten Herzen ist zerbrochen. Irgendwann wird sie jedoch aufschauen und ihre drei Freunde sehen, die auf Delphinen herbeireiten, um sie zu retten. Diese Karte möchte uns daran erinnern, dass das, was verloren scheint, tausendmal wiedergewonnen wird, wenn man einen Neuanfang wagt und das Vertrauen in das Leben neu entdeckt.

Geben Sie sich Zeit, Ihre Emotionen zu fühlen, denn mit Ihren Gefühlen eins zu werden, ist ein wichtiger Schritt für Sie auf dem Pfad des Lebens. Nehmen Sie sich Zeit für Ihre Innenschau. Dann wird mit Vertrauen und Hoffnung etwas Neues auftauchen, um Ihr gebrochenes Herz zu heilen.

Fünf Herzen

Oft taucht in den dunkelsten Stunden unseres Lebens der Wunsch nach Reflexion und Ruhe auf, die auf dieser Karte durch die Seeschildkröten, das ruhige Meer und die Mondsichel symbolisiert werden. Wenn wir diesem Wunsch nachgeben, kann etwas Magisches geschehen. Die Nixe auf der Karte VIER HERZEN, die Sorge und Gefühle der Hoffnungslosigkeit erfahren hat, öffnet auf der Karte FÜNF HERZEN eine Truhe und findet einen Schatz – ein wunderschönes geflügeltes Herz. Sie blickt auf ein goldenes Pentagramm im Zentrum dieses Herzens und erkennt darin den Stern der Einweihung, der sie mit ihrem kosmischen Leitstern im Himmel verbindet. Dazu muss man wissen: Das Pentagramm ist unter allen esoterischen Symbolen das am meisten verehrte Zeichen; es steht für die Perfektion der Menschheit. Das Pentagramm kann als spiritueller Beschützer dienen und steht mit der mystischen Bedeutung der Zahl 5 in Verbindung, deren Hauptqualität Veränderung ist. Auf dieser Karte erfährt die Nixe eine Veränderung des Herzens: Sie heilt die Wunden der Vergangenheit.

Wenn in Ihrem Leben eine Veränderung geschieht, vor allem auf der emotionalen Ebene, fühlen Sie sich vielleicht verwirrt und verletzbar. Die Veränderungen, die jetzt in Ihrem Leben stattfinden, werden geführt und beschützt durch das Zeichen des goldenen Sterns, der im Zentrum Ihres Herzens wohnt. Dieser Stern ist Ihr Höheres Selbst. Vertrauen Sie darauf, dass aus diesem Zwischenspiel des Chaos Kreativität entstehen wird. Lassen Sie sich nicht von negativen Dingen herunterziehen, sondern warten Sie auf die Erneuerung zwischenmenschlicher und göttlicher Liebe.

Sechs Herzen

Es ist eine alte Sage, dass Störche die Boten neuen Lebens sind. Oft sieht man sie an Tümpeln und Sümpfen, was zu dem Glauben geführt hat, dass die Geister ungeborener Kinder dort warten und eine neue Mutter beziehungsweise ein neues Leben suchen. Somit gelten die Störche als Seelenträger.

Auf dieser Karte geschieht etwas Heiliges. Fünf Nixen halten sich an den Händen und steigen aus der See empor. Die sechste Nixe, auf einem Storch fliegend, wirft von oben eine spirituelle Rettungsleine herab, und in Ekstase steigen die fünf übrigen Nixen aus dem Meer, dem Unbewussten, empor in die Luft und in das Sonnenlicht, ein Symbol für die höhere Offenbarung. Sie frohlocken, während sie einander berühren und zum Himmel emporstreben. Ein Übergang findet statt. Es ist, als ob Gefühle an die Oberfläche treten und jetzt losgelassen würden.

Stellen Sie sich vor, dass die See Ihre Tränen gefordert hat und die Sonne Ihre Augen trocknet. Das bedeutet innere Heilung – eine, die Sie verdienen. Die Zahl 6 steht für Unterstützung, Engagement, Verantwortung und Einheit, und sie kann den Wunsch andeuten, Ihr Gefühlsleben auszugleichen. Vielleicht ist es jetzt an der Zeit, die Familie zu heilen oder einen Konflikt mit einem geliebten Menschen zu lösen. Eine tiefe, herzliche Verbindung mit Ihren Freunden oder der Allgemeinheit kann jetzt geschehen.

Sieben Herzen

Die Sieben ist eine mystische Zahl und steht für Visionen, Träume und Innenschau. Sie hat eine Verbindung zu den sieben Chakren, den sieben Farben des Regenbogens, den sieben Pfeilern der Weisheit im Mittleren Osten, den sieben Schwestern der Plejaden und den sieben Sternen des Großen Wagens in der Konstellation des Großen Bären. Die friedliche Nixe auf dieser Karte meditiert in einem untergegangenen Tempel von Atlantis unter einem Bogen mit sieben geflügelten Herzen. Sie trägt einen siebenzackigen Stern als Symbol für das Licht spirituellen Schutzes und spiritueller Führung, und in gewisser Weise "schaut sie in die Sterne".

Wenn Sie über universelle Wahrheiten und Geheimnisse meditieren, können Sie Ihr Bewusstsein über die Grenzen von Raum und Zeit hinaus ausdehnen. Oft werden Sie sich zu diesem Zeitpunkt auch des göttlichen Überflusses bewusst, der in Ihrem Herzen lebt, ebenso des größeren Bedarfs nach Zentrierung und Klarheit. Vielleicht ist die Zeit reif, Ihre physischen Energien zurückzunehmen und sich der spirituellen Entwicklung zu widmen.

Machen Sie sich wieder mit der Kraft verborgener Quellen vertraut, und balancieren Sie Ihre Wünsche im Außen mit den Bedürfnissen im Inneren aus. Nehmen Sie sich Zeit, allein zu sein und Ihre Seele zu nähren. Schaffen Sie sich Ihre eigene kleine Welt oder Ihr Heiligtum, das vom Chaos des Außens nicht berührt werden kann. In den Momenten, in denen Sie ganz bei sich in Ihrem Herzen sind, werden Sie womöglich süße Botschaften erreichen ...

Acht Herzen

Das Symbol der Unendlichkeit, die liegende Acht, steht auch für Vollendung. Es besteht aus einer solaren rechten und einer lunaren linken Seite und kann die Beziehung oder das Gleichgewicht zwischen den Geschlechtern abbilden: In der Essenz wird aus zwei eins.

Auf dieser Karte verbinden sich Zwillingswassergeister im tiefen, transformierenden Kreislauf von Kraft und Veränderung. Obwohl ihre Musik ruhig ist, verebben und fließen die Wellen hinter ihnen in einem Rhythmus der Kraft und Stärke. Dies wird symbolisiert durch die acht Musiknoten in der Form geflügelter Herzen. Die Vermischung der gegenseitigen Kräfte ist der Schlüssel zum Verständnis persönlicher Transformation. Machen Sie sich bewusst, dass Sie männliche und weibliche Energien in sich tragen. Wenn jeder von uns seine Gaben der Sexualität und Kraft bewusst und konstruktiv einsetzte, würden wir gemeinsam eine sichere und weniger zerstörerische Welt schaffen.

Diese Karte bittet Sie, im Reich der Gefühle ein spirituelles und emotionales Gleichgewicht zu finden – dann steht Ihnen eine tiefe Veränderung bevor.

Neun Herzen

Die Antwort auf die Frage, ob das Glas halb voll oder halb leer ist, hängt davon ab, wie Sie das Leben zu einem bestimmten Augenblick sehen - und diese Frage wird Ihnen jetzt gestellt. Zusammen mit dieser Frage wird Ihnen vielleicht auch ein Wunsch erfüllt, denn im traditionellen Tarot wird die Karte oft als "Wunschkarte" betrachtet. Ihr Wunsch sollte das widerspiegeln, was Sie glauben, im Leben zu verdienen, das heißt, die Frage ist, wie sehr Sie sich selbst lieben. Können Sie ein glückliches Leben akzeptieren? Das ist keine leichte Frage, und daher sollte auf die Antwort viel Sorgfalt verwandt werden. Manchmal müssen erst die Wunden der Vergangenheit geheilt werden, bevor Sie in Ihren Wunsch hineinwachsen können. Sich selbst und anderen zu vergeben, ist daher ein Schritt zu höchster Erfüllung.

Ein Brunnen, ein Gefäß oder ein Kessel kann geheiligtes Wasser, die Essenz allen Lebens, für Rituale, Segnungen, Reinigungen und Heilungen bereithalten. Die Nixe auf dieser Karte hält ihr Gefäß in einen Wasserfall, um es zu füllen. Sie hat einen Punkt der Akzeptanz in ihrem Leben erreicht und ist bereit, ihr Gefäß überlaufen zu lassen. Halten Sie Ihr Gefäß hoch in die Wasser des Lebens, und gestatten Sie es sich, es ganz voll werden zu lassen. Stellen Sie sich die unbegrenzte Liebe, Freude und Weisheit vor, die sich in Ihr Herz ergießen. Vielleicht ist die Zeit jetzt günstig für eine spirituelle Einweihung oder Reinigung in Ihrem Leben. Glauben Sie an Wunder, und folgen Sie Ihren Träumen!

Zehn Herzen

Es gibt eine Zeit, in der Sie den sprichwörtlichen Topf Gold in Händen halten oder den vielfarbigen Regenbogen der Hoffnung in Ihrem Herzen spüren. Es ist ein wichtiger Moment, wenn ein herzliches "Dankeschön" an die überstrahlenden Engel gerichtet werden kann, die Sie in all den Jahren geführt und beschützt haben.

Auf dieser Karte durchstrahlen neun geflügelte Herzen die Aura einer vor Glück jubilierenden Nixe, während ein zehntes Herz auf ihrer Stirn zu sehen ist – als Symbol für das Öffnen ihres Dritten Auges. Gefühle der Liebe und Zuneigung für die Menschheit sind erwacht. Die Zahl 10 in dieser Reihe steht für die mächtige Transformation, die unvermeidlich zur emotionalen Wiedergeburt führt.

Ihre Wünsche und Träume werden jetzt vielleicht wahr, oder Sie streben danach, nun ein wichtiges Ziel zu erreichen. Während Sie versuchen, Ihren Becher zu füllen, müssen Sie besondere Verantwortung übernehmen, denn jetzt ist der Augenblick gekommen, in dem persönliche Wünsche zum Wohl des größeren Ganzen in Erfüllung gehen können. Dadurch wird es Ihnen möglich, sich für die universelle Liebe und göttliche Heilung zu öffnen. Dann können Sie diese wunderschönen Gaben Ihren Lieben, der Gemeinschaft und dem Planeten anbieten. Strecken Sie Ihre Arme dem Himmel entgegen, und lassen Sie Wellen überschäumender Freude in Ihr Herz fließen.

Kind der Herzen
Goldlöckchen

In der Geschichte "Goldlöckchen und die drei Bären" haben wir es mit so handfesten Dingen wie Bären, Suppenschüsseln, Stühlen und Betten zu tun. Die Bären haben ein rituelles System entwickelt, das einen recht starren, aber dennoch natürlichen und harmonischen Lebensstil schafft.

GOLDLÖCKCHEN steht für die Neugier, die Unschuld und den Eifer eines Kindes, das auf der Suche ist nach dem wahren Heimatgefühl, seiner Identität und nach Familienbanden. Durch ein Fenster – das Symbol für das universelle Auge oder den Spiegel, der die größere Weisheit reflektiert – schaut sie in die Hütte der Bären. GOLDLÖCKCHEN steht für das Kind in jedem für uns, das Kind der Herzen, das eine wunderschöne Vision einer anderen Welt aufrechterhält.

Einige Augenblicke lang ist sie so von diesem Reich angezogen, dass sie sich sicher genug fühlt, das Essen der Bären zu probieren, auf ihren Stühlen zu sitzen und sogar in ihren Betten zu schlafen. Ihr empfindsames Herz findet einen vorübergehenden Ruheplatz. Als die Bären jedoch von ihrer Tagesarbeit zurückkehren, finden sie den Eindringling in ihrem Heim, und das Mädchen läuft davon. Sie stört zwar die bestehende Ordnung, lernt jedoch eine Lektion über Geborgenheit, Sicherheit und Verwandtschaft.

Wenn GOLDLÖCKCHEN in Ihren Karten auftaucht, sollten Sie Ihr kindliches Herz öffnen und sich um Heim und Familie kümmern.

Versuchen Sie, die Lebensart eines geliebten Menschen besser zu verstehen, und betrachten Sie auch Ihre tiefen inneren Empfindungen genauer. Machen Sie sich bewusst, dass das Festhalten der drei Bären an Organisation und Struktur Ihre eigenen Verhaltensmuster und festgefahrenen Gewohnheiten widerspiegeln kann. Geben Sie sich schließlich einem Gefühl der Fülle und des Wunderns hin, und betrachten Sie die Welt von einer neuen Warte aus. Vielleicht erhalten Sie Besuch von einem Gast oder Freund. Werden Sie den neuen Gefährten wegschicken oder ihn mit offenen Armen empfangen?

Sucher der Herzen
Der Blechmann

Wenn Dorothy in "Der Zauberer von Oz" den Blechmann trifft, ist er sehr steif. Der Hufschmied, sein Schöpfer, hat vergessen, ihm ein Herz zu geben, und er muss dringend geölt werden – ein Symbol für die blockierten Emotionen, die seine Starre und seinen Kummer verursachen. Im Lauf der Geschichte weint der Blechmann. Doch seine Tränen, die ihn zuvor hatten rosten lassen, sind wie das Fließen von Öl – und heilen die Wunden der Vergangenheit. Auf der Karte DIE GELBE ZIEGELSTEINSTRASSE sucht der Blechmann ein Herz, das er lieben, mit dem er fröhlich sein, tanzen und singen kann. Der Zauberer jedoch sagt ihm, er wüsste nicht, wie glücklich er wäre, kein Herz zu haben: "Herzen sind erst dann praktisch, wenn sie nicht mehr zerbrechen können." Aber der Blechmann will ein Herz, weil er sonst nie ein richtiger Mensch sein wird, und der Zauberer schenkt ihm eine weitere Perle der Weisheit: "Ein Herz wird nicht danach beurteilt, wie sehr man liebt, sondern wie sehr man von anderen geliebt wird."

Als SUCHER DER HERZEN trägt der Blechmann einen Anzug in Form einer Rüstung, die ihn vor der seltsamen Welt der Gefühle schützt und bewahrt. Sein Pferd steht für die Freiheit der Seele, die den Blechmann auf dieser wichtigen Lebenssuche trägt, und die Taube, ein göttlicher Bote für Frieden und Ruhe, bringt das Herz, das den Blechmann zu einem wahren Mitglied der sich entwickelnden Menschheit machen wird.

Wenn die Karte DER BLECHMANN in Ihrer Legung auftaucht, öffnen Sie Ihr Herz! Lassen Sie zu, eine Einweihung in das Reich der Gefühle, der Zuneigung und des Mitgefühls zu erleben. Bringen Sie Ihre Emotionen zum Ausdruck! Zu weinen bedeutet, sich den Kummer, der im Kern einer jeden menschlichen Seele weilt, einzugestehen. Seien Sie ein wahrer SUCHER DER HERZEN, und finden Sie Wege, um Freunden und Verwandten, die in Schwierigkeiten sind, zu helfen. Als Krieger der universellen Liebe haben Sie jedem Menschen, den Sie auf dem Pfad des Lebens treffen, eine besondere Gabe des Geistes anzubieten.

Führerin der Herzen
Die gute Fee

In Zeiten von Kummer oder an jenen extremen Wendepunkten im Leben, die man "die dunklen Nächte der Seele" nennt, verlieren wir unsere Führer vielleicht aus dem Blickfeld und glauben uns allein. Doch plötzlich, vielleicht in der elften Stunde, blinkt ein Strahl des Lichts und der Hoffnung durch die dunklen Wolken. Die Antwort auf unsere Gebete kommt in einem blitzähnlichen Schlag, oder der Besuch eines liebevollen, helfenden Geistes bringt uns die Erlösung.

In der Geschichte "Der Zauberer von Oz" spielt die gute Fee des Nordens eine kleine Rolle, aber eine von zentraler Bedeutung. Als Schutzengel von Dorothy wartet sie geduldig hinter der Szene, sieht zu, wie die Kleine ihre Abenteuer besteht, und sichert ihr Wohlergehen. Sie lässt zu, dass Dorothy ihre eigenen Lektionen lernt, die sie ihr am Ende der Geschichte erläutert. Dorothy ist immer noch ratlos, wie sie zu ihrer Tante Em und dem Bauernhof zurückkehren soll, als die Vogelscheuche, das Symbol für den Geist und den Verstand, aufschaut und die gute Fee näherkommen sieht. Diese erzählt Dorothy, dass sie immer die Macht gehabt habe, nach Kansas zurückzugehen. Alles, was sie hätte tun müssen, war, die Absätze ihrer Schuhe dreimal aneinanderzuschlagen und zu sagen: "Zu Hause ist es am schönsten." Die größten Rätsel des Lebens sind immer die Geheimnisse unseres Herzens. Wenn wir dem Weg des Herzens folgen, werden wir wissen, was zu tun ist - und wann.

In der Karte FÜHRERIN DER HERZEN hat der Zauberer, in der Hoffnung, Dorothy nach Hause zu bringen, die Erde zufällig in einem Ballon verlassen und das junge Mädchen zurückgelassen. Gleichzeitig taucht die gute Fee des Nordens auf, winkt mit ihrem himmlischen Stab und gibt Dorothy ihren Glauben an ihre magischen Kräfte zurück.

Wenn DIE GUTE FEE in Ihren Karten auftaucht, wird Ihnen Liebe durch unsichtbare Helfer und engelhafte Geister zuteil. Verzweifeln Sie nicht, wenn ein Problem unlösbar zu sein scheint, sondern glauben Sie an sich selbst. Beruhigen Sie Ihren Verstand, und lassen Sie zu, dass sich eine intuitive Antwort in Ihrer Vorstellungskraft materialisiert. Ein Symbol, ein Archetyp oder ein besonderer Mensch ist vielleicht Ihr Schlüssel zum Glück. Denken Sie an das alte Sprichwort: "Heimat ist dort, wo das Herz ist!" Machen Sie sich bewusst, dass Sie selbst auch eine gute Fee sein können: Ihre beruhigenden Worte, Ihre sanfte Berührung oder Ihr inspirierendes Beispiel kann einen Freund oder einen geliebten Menschen aus der Dunkelheit ins Licht führen.

Hüterin der Herzen
Gabrielle

Der Erzengel Gabriel, der in dieser Karte eine weibliche Gestalt hat, ist derjenige, der der Menschheit die göttlichen Mysterien enthüllt. Er hat Daniel geholfen, in der Löwengrube seine Träume und Visionen zu verstehen. Gabriel ist auch Zacharias erschienen und hat ihm verkündet, dass Johannes der Täufer bald geboren werde. Und dieser mächtige himmlische Bote ist Maria erschienen und hat ihr angekündigt, dass ihr Sohn, Jesus, der Messias sein würde, auf den das jüdische Volk schon so lange gewartet hatte. In der Offenbarung ist es auch Gabriel, der die Trompete der Wiedergeburt bläst und die Menschen auffordert, aus ihrer Antipathie aufzustehen und einander in selbstloser Liebe und Mitgefühl zu umarmen.

Der Name Gabriel bedeutet "Stärke Gottes". Oft mit einer Lilie, einem Zepter oder einer heiligen Schriftrolle in der Hand dargestellt, bringt dieser Erzengel den Gläubigen frohe Botschaften. Gabriel hilft den Menschen, ihren Geist und ihren Körper durch herzzentrierte Offenbarungen und Einsichten miteinander zu verbinden, und er durchdringt die menschliche Seele mit göttlicher Weisheit. Dies tut er in der Hoffnung, den Menschen zu größerer Hingabe und zum Dienst am Mitmenschen zu bewegen. Die Kraft dieses Erzengels macht sich am stärksten bemerkbar, wenn die Sonne durch das Tierkreiszeichen des Schützen zieht und die Erde, in Opposition zur Sonne, durch die Zwillinge wandert. Denn Gabriel ist stark mit dem magischen Mondreich (der Krebs wird vom Mond beherrscht) verbunden, mit den Zyklen des Lebens und den Meeresströmungen.

Auf dieser Karte ist die HÜTERIN DER HERZEN Gabrielle mit den regenbogenfarbigen Flügeln. Sie ist eine Nixe mit goldenen Haaren und entlockt ihrer Trompete harmonische Klänge, die Seehunde und andere Meerestiere an die Wasseroberfläche locken. Sie trägt dabei den Heiligen Gral universeller Liebe.

Wenn die Karte GABRIELLE in einer Ihrer Legungen auftaucht, achten Sie in Ihren Träumen auf inspirierende Symbole und Geschichten, die Sie auffordern, zu einem höheren Leben zu erwachen, spirituell wiedergeboren zu werden. Haben Sie Mitgefühl für jene Menschen, die verwundbar und von ihrem Glück verlassen zu sein scheinen, und üben Sie sich in einer der grundlegendsten Tugenden: in Freundlichkeit. Sie können der Lehrer anderer Menschen sein, dessen Worte, Lieder und sanfte Berührungen heilen. Bauen Sie eine Regenbogenbrücke des Vertrauens und des Verständnisses zu Ihren Freunden auf der ganzen Welt.

Die Erdkristalle

Die Erdkristalle entsprechen im traditionellen Tarot dem Symbol der Scheiben oder Münzen, die die Erde symbolisieren. Sie stehen für die physische Ebene, also den materiellen Bereich, Geld und Sicherheit, und die Kristalle bieten viele Möglichkeiten, wie wir unseren Überfluss zum Ausdruck bringen können.

Kristalle wurden in früheren Zeiten oft als die Adern der Erde, als gefrorenes Wasser oder gefrorenes Licht angesehen, und unsere physischen Körper und die Erde, auf der wir leben, können mithilfe der Kristalle geheilt werden.

Im Volkstum der Deutschen werden Gnome als Naturgeister angesehen, die mit dem Element Erde verbunden sind. Sie sollen in Bergwerken, Höhlen und Bergen, unter Bäumen und in Wäldern leben. Sie verfügen über ein wundersames Wissen und magische Kräfte in Bezug auf Kristalle, Steine und Mineralien. Sie dienen als hütende Geister, die das Fundament des Planeten stärken.

Die Gnome, die in dieser Kartenfolge abgebildet sind, bieten eine andere Sicht auf das menschliche Leben. Wir sehen hier Gnomenkinder, Eltern und Ältere, die arbeiten, spielen und eine wunderschöne Welt irdischer Freuden schaffen. Diese Gnome symbolisieren dabei auf vielfältige Weise die Familie der Menschheit und die Welt der Natur, die miteinander in Harmonie leben.

Ass der Kristalle

Im Brauchtum und in den Legenden des Nordens existiert der Glaube, dass die Gnome in den Wintermonaten, wenn die Erde schweigt und schläft, unter der Schneedecke fleißig Kristalle aus dem Licht des Mondes, der Sonne und der Sterne weben. Wenn die Wiedergeburt des Frühlings kommt, bieten die Gnome diese kostbaren Steine dem Himmel dar, und durch den sanften Regen des Frühlings entstehen wunderschöne Regenbögen.

Der hart arbeitende Gnom auf dieser Karte hat für Sie einen wunderschönen Kristall entdeckt, der Ihnen sagen möchte: Ihre Zeit ist gekommen! Das Versprechen der Hoffnung, der Einheit und des Überflusses wird nun eingelöst werden. Der Regenbogen am Horizont ist eine Brücke, die Himmel und Erde miteinander verbindet und die Harmonie aller Menschen symbolisiert – die Chinesen nannten den Regenbogen auch "das Höchste", das Yin und Yang vereinigt.

Wenn das ASS DER KRISTALLE in Ihren Karten auftaucht, wird ein großes Potenzial freigesetzt, und großartige Möglichkeiten liegen vor Ihnen, denn diese Karte bedeutet eine dynamische Wiedergeburt auf der physischen Ebene. Sie gebären vielleicht etwas Magisches, sei es ein Baby, ein Geschäft, ein Buch, eine Beziehung oder eine neue Phase des Selbstausdrucks. Sie sind gesegnet durch die Präsenz des strahlenden Kristalls, der Ihnen durch diesen bescheidenen Gnom überbracht wird. Ein Ass bedeutet immer ein strahlendes "Ja!" Hier meint es: Beginnen Sie noch einmal neu. Viele Ideen und Träume, die jahrelang verborgen gewesen sind, werden jetzt neu entdeckt. Folgen Sie dem Licht des neuen Tages. Sie sind gesegnet!

Zwei Kristalle

Balance ist ein wesentlicher Teil der Philosophie alter Kulturen. Sie ist so wichtig, dass sie im Zodiak durch das Zeichen Waage dargestellt wird, denn dieses steht für Gerechtigkeit, Fairness, Gleichgewicht, Equilibrium und Kooperation.

Die Gnomenkinder auf dieser Karte spielen mit einer Wippe. Um dieses Spiel genießen zu können, müssen die kleinen Gnome die Regeln des Gleichgewichts und des Miteinanders beachten, sonst kann das Spiel gefährlich werden. Die leere Schaukel im Hintergrund steht dagegen für die unabhängige Aktivität eines jeden Menschen. Auf der Wippe sind zwei Menschen zusammengekommen – als Symbol für die Vereinigung des männlichen und weiblichen Poles –, um die Lektionen der Polarität zu lernen. Wenn sie Erfolg haben wollen, müssen sie als Team zusammenarbeiten und sich gegenseitig unterstützen.

Diese Karte steht für das erste Stadium bewusster Interaktion. Die Eule, die in der Mitte des Balkens sitzt, symbolisiert die Weisheit des Miteinanders, die erreicht wird, wenn Menschen in Beziehungen nach Verständnis und Gleichberechtigung suchen. Zu dieser Karte gehört auch der Wunsch nach zwischenmenschlichen Beziehungen und das Bewusstsein, dass Höhen und Tiefen ein lebenswichtiger Teil des Alltags sind. Dieser Prozess geschieht sowohl im Inneren wie im Außen.

Wenn Sie diese Karte ziehen, sollten Sie gut auf sich, Ihre Beziehungen und Ihre Gesundheit achten. Körper, Geist und Verstand zu trainieren, kann Ihnen Beweglichkeit bringen und helfen, das

Gleichgewicht zu halten, unabhängig davon, ob Sie zurzeit alleine sind oder mit einem Partner zusammenleben. Das Leben kann wie eine Wippe sein, aber wenn Sie ein spielerisches Verhalten an den Tag legen, kann es eine wunderbare Zeit sein.

Drei Kristalle

3Zum Seilchenspringen gehören drei oder mehr Teilnehmer, und es ist eines der zahlreichen Kinderspiele, die sowohl aktives als auch passives Verhalten fördern, da die Kinder abwechselnd das Seil halten und mit dem Seil springen. Die Kinder lernen zudem die Gesetze der Gemeinschaft, denn alle Teilnehmer müssen helfen, damit das Seil in einem gleichmäßigen Rhythmus in Bewegung bleibt. Die Zahl 3 steht ebenfalls für Gruppenaktivität, Kommunikation und Freude, und die Botschaft dieser Karte lautet: Gruppengeist und Erfüllung. Gemeint ist hier die Erfüllung, die erreicht wird, wenn sich alle Beteiligten persönlich engagieren. Das Springseil, hier als Regenbogen dargestellt, steht für die Brücke, die Himmel und Erde miteinander verbindet und so zu Harmonie in der Welt führt.

Wenn die Karte DREI KRISTALLE in Ihrem Legesystem auftaucht, mag es Zeit für Sie sein, Ihren Platz in der Gemeinschaft neu zu definieren und die Weisheit und die Gaben, die Sie mitbekommen haben, freudig mit anderen zu teilen. Schließen Sie sich anderen Gruppen an, oder lernen Sie Familien und Kinder in Ihrer Nachbarschaft kennen. Umgeben Sie sich mit gleichgesinnten Menschen, die Ihre Sicht des Lebens teilen und respektieren. Wenn Sie Ihre Gruppe oder einen besonderen Freundeskreis noch nicht gefunden haben – jetzt ist die Zeit günstig, Ihre innere Freude zu vertiefen und Ihr Selbstvertrauen und Ihre persönlichen Quellen zu stärken. Vor allem will Sie diese Karte aber an eines erinnern: Vergessen Sie nicht zu spielen!

Vier Kristalle

Es ist wichtig, das Zentrum der Seele zu entdecken, diesen magischen Kern, der den kreativen Willen hervorbringt. Diese Kraft hilft uns, die Welt gemäß unseren tiefsten Werten aufzubauen. Persönliche Verantwortung und konstruktive Handlungen sind die ersten Schritte auf dem Weg zu einem besseren Leben für uns und andere.

Die Gnomenkinder auf dieser Karte werkeln mit verschiedenen Werkzeugen und mit Gemeinschaftssinn fleißig an einem Heim. Die Gnome sind sehr konzentriert bei der Arbeit. Sie ist ihnen wichtig. Die Grundlage für dieses Haus ist ein Apfelbaum – das Symbol für den Baum des Lebens. In der griechischen Mythologie steht gerade der Apfelbaum zudem für Reichtum und Überfluss.

Man könnte sogar sagen: Ein neues Bewusstsein wird gebaut. In Thailand errichten viele Menschen kleine Häuser, sozusagen Repliken ihrer Behausungen, die von Geistern bewohnt sind. Diese Miniaturhäuser heißen "Geisterhäuschen", die Schutzengel in den Haushalt einladen sollen. Aus dem Bewusstsein, das mit dieser Praxis erreicht wird, können Familienmitglieder innere Stärke und Achtung für alles Lebendige entwickeln.

Was wird in Ihrem Leben gebaut? Welche Vision haben Sie? Was auch immer Sie erreichen wollen – Konzentration, Verantwortung, Hingabe und Sorgfalt sind die vier Pfeiler, die Sie errichten müssen, um zu Ihren wahren Zielen zu gelangen.

Fünf Kristalle

Auf dieser Karte nimmt ein weiser alter Gnom die letzten Handgriffe an einem heiligen Mandala auf der Spitze eines Baumhauses vor, das ein Pentagramm und goldene Kreise aufweist. Die Kreise und der Stern in einem Muster deuten auf die Vereinigung von Himmel und Erde hin, und die fünf Zacken des Sterns stehen für Geburt, Einweihung, Dienen, Ruhe und Transformation.

Großvater Gnom pfeift ein fröhliches Liedchen, denn er hat seine Vision der Schönheit zum Ausdruck gebracht. Die Äpfel am Baum sind reif und symbolisieren in ihren Früchten eine Aufgabe, die gut zu Ende gebracht wurde. Die Vögel zeigen an, dass man spirituelle Freiheit erreicht hat – das Ergebnis eines wohlgestalteten Lebens.

Umarmen Sie die Gaben, die diese Karte bietet, in ihrer ganzen Fülle. Denken Sie daran, die Möglichkeiten zu nutzen, die das Leben Ihnen zum gegenwärtigen Zeitpunkt bietet, und lassen Sie zu, dass sich Ihre Wünsche manifestieren. Kreativität ist ein Teil Ihrer Existenz – also vielleicht möchten Sie mit Bleiglas arbeiten, sich mit Keramik, Holzschnitzerei, Sägen oder anderen Handwerkskünsten als neuem Hobby beschäftigen? Aber, ganz wichtig: Wenn Sie Ihren kreativen Neigungen folgen, bleiben Sie in Berührung mit den Wundern der Erde und all ihrer himmlischen Schönheit.

Sechs Kristalle

Die sechs Gnome auf dieser Karte haben sich auf den Weg gemacht, ein großes Ziel zu erreichen: den Gipfel eines Berges. Ein Gnom hat es bereits geschafft. Auf ihn wartet die Vision einer strahlenden Schneeflocke, ein sechszackiges Wunder der Natur. Der sechszackige Stern oder das Hexagramm wird auch "die Blume Aphrodites", "der Stern Davids" und "das Siegel Salomons" genannt, und in der Gleichung des Pythagoras steht die Zahl 6 für die einzige "perfekte" Zahl zwischen eins und zehn. Sie symbolisiert göttliche Weisheit, Harmonie, Gleichgewicht und Balance zwischen den männlichen und weiblichen Dimensionen des Bewusstseins.

Diese Karte strahlt eine gewisse Ekstase aus, weil das höchste Ziel erreicht wird. Gruppenarbeit, Ausdauer, Loyalität und Zielorientiertheit sind dabei die Grundelemente, die notwendig sind, wenn man scheinbar unmögliche Höhen erklimmen will. Die Zahl 6 kann sich demnach auch auf Gipfelerlebnisse beziehen: Sie ist expansiv und von Natur aus positiv.

Wenn Sie die Karte SECHS KRISTALLE ziehen, ist dies ein Zeichen, Ihre Anstrengungen zu verdoppeln, um wichtige Ziele zu erreichen. Der Aufstieg mag steil sein, aber die Belohnung wird reich sein. Denken Sie daran, dem Prozess die nötige Ehrfurcht entgegenzubringen und volles Vertrauen in sich selbst zu haben. Wenn Sie auf ein Ziel hinarbeiten, das über Ihr eigenes Selbst hinausgeht, dürfen Sie in den nächsten Jahren große Erfüllung und Glück erwarten. Auf einer höheren Ebene steht diese Karte für den Dienst am Ganzen, sie symbolisiert das Ideal einer Welt in Harmonie – sichtbar gemacht durch die perfekte Schneeflocke.

Sieben Kristalle

Eine Kerze anzuzünden, ist ein Symbol für die Erleuchtung der Seele. Genauso ist die Winter-Sonnenwende ein heiliger Wendepunkt des Jahres und geschieht oft um die Zeit des hebräischen "Fests der Lichter", Chanukah genannt. Bei der Sonnenwende werden Gebet und Ritual zu Ehren der Wiedergeburt der Sonne und des neuen Aufdämmerns des Höheren Selbst dargebracht. Zu diesem Zeitpunkt kann man sich von Isolation oder Dunkelheit entfernen – es ist eine Zeit, in der die spirituelle Saat gesät wird, eine Saat des Lichts und der Einheit, aus der die Blumen der Weisheit erblühen können.

Das junge Gnomenmädchen auf dieser Karte schafft ein Heiligtum für sich, einen Ort, an dem sie nach innen gehen und Frieden, Klarheit und Visionen suchen kann. Sie erlebt eine Zeit der Kontemplation, in der sie die Tiefen ihres persönlichen Wissens ausloten kann, um Wahrheit und Weisheit miteinander zu verweben. Die innere Transformation wird durch den regenbogenfarbigen Teppich, auf dem sie kniet, dargestellt. Die sieben Kerzen ähneln der Menora, dem siebenarmige Leuchter der Juden, und stellen die "Lampen" oder "Führer" dar, die helfen, den Prozess zu erhellen.

Eine Zeit des Wartens oder der Ruhe steht an. Lassen Sie das Licht dieser Kerzen die Brillanz Ihrer inneren Reise widerspiegeln. Finden Sie Ihren eigenen Ton, und vertrauen Sie darauf, dass alles in Ordnung ist. Geduld ist eine Tugend. Vielleicht ist jetzt eine Zeit der Ruhe angesagt oder eine Phase, in der Sie neue Kraft für künftige Abenteuer im Leben tanken können. Werden Sie daher still, und lassen Sie geschehen, dass sich die innere Wahrheit enthüllt!

Acht Kristalle

Die Präzision eines Eiskunstläufers, der seine Figuren auf dem Eis malt, ist faszinierend zu beobachten. Die Zeit und die Anstrengung, die der Sport erfordert, werden offensichtlich, wenn man die Gestalt und Anmut eines Eiskunstläufers auf der gefrorenen Oberfläche bewundert. Während der Eisläufer über das Eis gleitet und auf ihm tanzt, hat es den Anschein, als ob er mit einer Schar Engel verbunden sei, die sich fröhlich in der kosmischen Spirale des Lebens drehen. Der Eisläufer steht für eine perfekte Verbindung oder ein ideales Gleichgewicht zwischen Natur und Menschheit.

Tiefe Veränderungen und Transformation – repräsentiert durch die Zahl 8 – stehen dem Menschen bevor, der mit einem besonderen Talent exzellente Ergebnisse erzielt. Auf dieser Ebene wirkt sich der Einfluss von Größe auf die Allgemeinheit aus, und es ist der unermüdliche Einsatz unserer Fähigkeiten, der die Welt transformieren kann. Wenn Menschen bereit sind, nach Erfolgen in Kunst, Erziehung und beim Dienst an der Gemeinschaft zu streben, beginnt die Menschheit, ihr Potenzial als Hüter göttlicher Liebe und Weisheit auf unserem Planeten zu leben.

Das Kind, das auf dieser Karte Schlittschuh läuft, malt die Figur einer Acht aufs Eis, das alte Symbol der Unendlichkeit (oft als doppelt gewundene Schlange dargestellt, die sich in ihren eigenen Schwanz beißt). In der Karte ACHT KRISTALLE bedeutet dieses Muster das unendliche Potenzial des menschlichen Wesens.

Wenn diese Karte in Ihrem Legesystem auftaucht, schauen Sie in die tieferen Bereiche Ihres Lebens, um die Gaben zu entdecken, die Sie mit der Welt teilen können. Lassen Sie Ihre verborgenen Fähigkeiten und schöpferischen Talente sich voll und ganz entfalten.

Neun Kristalle

Ein Feuer brennt lodernd in der Hütte der Zwerge, während Begeisterung und Vorfreude auf den Weihnachtsabend alle in eine ausgelassene Stimmung versetzen. Eine Phase der Vollendung steht bevor. Die Vorbereitungen für ein festliches Ereignis sind abgeschlossen, während der Weihnachtsmorgen heraufdämmert. Mama Gnom ist schwanger, und ihre Kerze steht symbolisch für das Licht der neuen Seele, die demnächst geboren werden wird. Die Geschenke unter dem Baum bleiben verschlossen, und die Strümpfe am Ofen sind noch nicht gefüllt. Die neun Strümpfe, die über dem Kamin hängen, bedeuten eine tiefe Bereitschaft, sich höheren Kräften hinzugeben, wohingegen die neun Kerzen den wunderschönen Jul-Baum zu einem glühenden Kristall werden lassen. Das kleine Gnomen-Mädchen freut sich auf die Ankunft von St. Nikolaus, dennoch weiß sie, dass sie schlafen und sich einer anderen Welt, der der Träume, hingeben muss, bevor sie die magischen Gaben von St. Nikolaus empfangen kann. Freudige Erwartung und die Vorfreude auf die Gaben liegen in der Luft.

Die Karte NEUN KRISTALLE markiert die Zeit des Lebens, in der das göttliche Potenzial zum Greifen nah ist, und wenn Sie diese Karte ziehen, machen Sie sich bewusst, dass Sie der Geschichtenerzähler Ihres Lebens sein sollten. Die Geschichte kann nur das Bewusstsein desjenigen haben, der sie erzählt. Welches neue Thema, welches Märchen oder Abenteuer werden Sie als Nächstes erleben? Trauen Sie dem Guten, das sich noch in Ihrem Leben manifestieren wird. Ein magisches Geschenk, eine besondere Freundschaft oder eine neue Gelegenheit mag auf dem Weg zu Ihnen sein.

Zehn Kristalle

Der Weihnachtstag ist ein Synonym für Erwartung und die Aussicht auf große Freude. Vielleicht werden Träume wahr, und neue Familienbande und freundschaftliches Teilen bringen Wärme und Liebe ins Heim. Auf dieser Karte sind alle Strümpfe gefüllt, und ein winziger Strumpf wird gerade zusätzlich aufgehängt, um die Geburt des Gnomenbabys zu feiern. Papa Gnom entzündet den Scheit des Jul-Holzes, um das Licht und die Freude dieser Familie zu fördern. Alle Päckchen sind geöffnet, und die Kinder schauen voller Freude auf die Schätze, die sie erhalten haben. Das Gnomenmädchen sitzt auf einem Regenbogenteppich, während es einen wunderbaren Kristall anschaut. Der Tag ist klar, die Sonne steht hoch am Himmel, und die Familie ist glücklich.

Lassen Sie die Szene der Karte ZEHN KRISTALLE auf sich wirken. Feierlichkeiten und Feste aller Traditionen bringen die Menschen zusammen. Sie wecken ein besonderes Gefühl der Dankbarkeit in uns, das von dem Wunsch herrührt, universell verbunden und geliebt zu sein. Öffnen Sie sich den Gaben, die das Leben für Sie bereithält. Vielleicht möchten Sie wieder in Kontakt mit den alten Ritualen und dem alten Zauber kommen? Ihre Heilungsgebete und Gedanken können vielen Menschen auf dem Globus helfen. Denken Sie auch daran, den Benachteiligten und Obdachlosen zu helfen, die niedergeschlagen sind und eine helfende Hand brauchen. Danken Sie für all das Gute, das Sie durch die Engel, die unsichtbaren Helfer und höheren Lehrer im Laufe Ihres Lebens erhalten haben.

Kind der Kristalle
Huckleberry Finn

Das Kind der Kristalle, durch Mark Twains faszinierende Figur Huckleberry Finn zum Leben erweckt, ist der ungezähmte Teil in uns, der das Abenteuer und eine ungekünstelte Beziehung zur Natur sucht. In einem Stadium des Bewusstseins werden wir auf der physischen Ebene mit Reichtum, Ehrlichkeit, Grenzen, Experiment und Verantwortung konfrontiert, und es ist entscheidend, wie wir damit umgehen – es zeigt, ob wir über das Stadium des Kindes hinausgewachsen sind.

Huckleberry Finn ist im Roman der sprichwörtliche Vagabund und der Sohn eines Stadtstreichers, der gegen soziale Konventionen rebelliert. Während Hucks Abenteuern auf dem Mississippi muss er seine Freiheit – und die des Sklaven Jim – immer wieder aufs Neue verteidigen, um sich der Suche nach einem Leben, das höheren, spirituellen Zielen dient, widmen zu können. Als Huck und sein Freund Tom Sawyer Geld finden, das Räuber in einer Höhle versteckt haben, müssen sie beweisen, dass sie mit irdischen Gütern verantwortungsvoll umgehen können. Sie bekommen eintausend Dollar in Gold als Belohnung, doch der Richter gesteht ihnen nur einen Dollar pro Tag zu.

Hucks Leben besteht aus Prüfungen, Fehlern und dem Wunsch, im Herzen ein Kind zu bleiben. Letztendlich können wir uns mit Hucks Widerstand, erwachsen zu werden, identifizieren, während er Hindernisse und Triumphe auf dem Weg seiner Einweihung in das Erwachsenendasein erfährt. Die Karte HUCKLEBERRY FINN ist eine Erinnerung an die irdische Seele in uns. Er ist eine Spiegelung der Wildheit der Natur und des unabhängigen Geistes, der durch Pan, den großen Gott der heidnischen Welt, personifiziert wird.

Auf der Karte KIND DER KRISTALLE angelt Huck an einem warmen Sommertag im Mississippi – man könnte sagen, er fischt im Strom der Weisheit nach neuem Wissen. Als KIND DER KRISTALLE hat er mehrere Tiere als Freunde, ferner hat er seine treue Steinschleuder und ihm ist eine Gelassenheit eigen, die uns an die harmonischen Schwingungen von Mutter Natur erinnert.

Wenn die Karte HUCKLEBERRY FINN in Ihrer Legung auftaucht, lassen Sie Ihren abenteuerlichen Geist sich frei entfalten. Streifen Sie durch die Wälder. Verlassen Sie die Welt der Zivilisation, und suchen Sie das große Abenteuer. Paddeln Sie mit Ihrem Kanu den Fluss hinunter. Stellen Sie sich – auch unangenehme – Fragen zu Ihrer persönlichen Freiheit, inwieweit Sie Ihre Talente nutzen und wie Sie mit Ihren Ängsten umgehen, die Sie vielleicht haben und die Sie daran hindern könnten, ein verantwortliches Mitglied der Gesellschaft zu sein. Versuchen Sie zu ergründen, wo Sie jetzt stehen ... am sich windenden Fluss des Lebens.

Sucher der Kristalle
Der feige Löwe

Wir alle wissen, wie viel Mut notwendig ist, um auf dem Pfad des Lebens Widerständen ins Auge zu blicken. Während wir in die Zukunft reisen, wollen wir uns an die Geschichte des feigen Löwen in "Der Zauberer von Oz" erinnern. Dorothy findet ihn im Wald. Auf den ersten Blick wirkt er sehr selbstsicher, doch tatsächlich ist er eher ängstlich. Als seine "schreckliche" Taktik, sich jedem mit lautem Gebrüll in den Weg zu stellen, nicht funktioniert, wird er mit seinen eigenen Ängsten und seiner Verletzlichkeit konfrontiert. Er macht sich zusammen mit Dorothy, dem Blechmann und der Vogelscheuche auf den Weg, den Zauberer zu suchen und mutig zu werden.

Während sich die Geschichte weiterentwickelt, transformiert der Löwe seine Angst durch Tapferkeit und Mut, indem er Dorothy vor der bösen Hexe rettet. Wie in vielen Fabeln und Märchen treten sein Mut und sein wunderbares Selbst auf der Reise zutage, wenn er seinen geliebten Begleitern hilft und sie beschützt. Als er sich lebensbedrohenden Situationen gegenübersieht, in denen Wahrheit, Tapferkeit und Ehre gefragt sind, braucht er seine frühere Fassade nicht mehr.

In der Karte SUCHER DER KRISTALLE wandelt der feige Löwe auf der gelben Ziegelsteinstraße und bekommt eine Girlande aus Blumen für seine Leistungen. Es besteht eine sehr enge Verbindung zwischen dieser Karte und der Karte DIE SCHÖNE UND DAS BIEST der Großen Arkana.

Wenn beide Karten in einem Legemuster auftauchen, deutet das auf eine größere Lektion hin, die in eine spirituelle Entwicklung mündet. Wenn die Karte DER FEIGE LÖWE in ihrer Legung erscheint, denken Sie daran, Ihre verborgenen Kräfte und Stärken anzuzapfen. Manchmal muss diese Kraft auf sanfte Weise zum Ausdruck gebracht werden; ein anderes Mal sollte sie leidenschaftlich und kompromisslos gezeigt werden. Falscher Stolz und Selbstsucht, die Sie vielleicht aus Angst und Zweifel an den Tag legen, sollten am besten durch die ehrenvolle Bereitschaft ersetzt werden, Ihren eigenen Schmerz zu spüren. Lassen Sie die innere Wahrheit Ihrer strahlenden Seele durchscheinen. So wie der feige Löwe werden Sie mit einem Siegerkranz gekrönt werden, der Ruhm und hart erarbeitete Erfüllung symbolisiert.

Führer der Kristalle
St. Nikolaus

Während Santa Claus (der Weihnachtsmann) eine Gestalt ist, die in unserer Kultur "degradiert" wurde und heutzutage ein Symbol für zügellosen Materialismus ist, hat die wahre Essenz von St. Nikolaus und dem Weihnachtsmann ihre Quelle in den göttlichen Ursprüngen unseres Planeten. In esoterischen Kreisen gilt Sanat Kumara als Name für den "Herrscher der Erde". Dieses Wesen soll der "Herr der Welt" sein, dessen Spiegelreflexion Luzifer, der gefallene Engel, oder Satan sein kann. Bedenken Sie, dass die Namen Santa und Satan Anagramme von Sanat sind; jedes Wort hat dieselben fünf Buchstaben, und der numerische Wert eines jeden ist 55.

Der aufrechtstehende fünfzackige Stern ist in der okkulten Tradition das Symbol eines menschlichen Wesens, das sich zu spiritueller Erleuchtung hin entwickelt. Jede menschliche Seele ist ein Miniaturstern: Der menschliche Kopf, zwei Arme und zwei Beine stellen einen "fünfzackigen" Ausdruck der Seele in der Welt dar. Während Sanat Kumara über unseren Planeten aus unsichtbaren Ebenen des Seins herrscht, ist Santa Claus – der Herr des Nordpols (spirituelles "Hauptquartier" oder Eingangsschleuse zur Erde) – der legendäre oder mythische Ausdruck dieses Wesens. Der wahre Sanat Kumara wirkt hinter dem Schleier; von dort aus schützt und nährt er die Menschheit.

Historisch gab es einen St. Nikolaus, der im 4. Jahrhundert v. Chr. in Kleinasien in einer reichen Familie lebte. Er wurde berühmt für die Wunder, die er wirkte, und für seinen Glaubenseifer. Wegen seines christlichen Glaubens wurde er sogar ins Gefängnis geworfen. Teil seines Lebenszwecks war es, Sünder zu bekehren, seinen Wohlstand mit den Armen zu teilen und die Nächstenliebe unter der Bevölkerung zu stärken. Schließlich kam er zu uns als Schutzpatron der vom Sturm gepeinigten Seeleute, der Gefangenen und Kinder. Im Gedenken an seine Großzügigkeit begannen die Kinder, zur Weihnachtszeit Geschenke zu verteilen, und sein Name wurde von den Amerikanern in Santa Claus und von den Holländern in Sinter Klaas verwandelt.

Das Bild von Santa Claus mit einem langen weißen Bart auf der Karte FÜHRER DER KRISTALLE ähnelt dem Bild von "Großvater Zeit", dem Hüter der Hoffnungen und Träume, der den Schlüssel für die Manifestation des Verborgenen in Händen hält. Das Kaninchen auf der Karte steht für Fruchtbarkeit, und zu den Erdkristallen gehört immer auch die Botschaft der Ernte, des Wachstums, der Produktivität und der Reproduktion der Erde. St. Nikolaus hat zudem eine enge Verbindung zur Trumpfkarte DER MAGIER, die eine Brücke zwischen der materiellen und spirituellen Welt schafft und uns ermutigt, nach Weisheit zu streben, durch die auf der Erde Überfluss entstehen kann.

Das Aufdecken dieser Karte bedeutet, dass Sie vielfältig gesegnet sind. Entdecken Sie den Brunnen des Überflusses und der Güte, aus dem Sie zu jeder Zeit trinken können. Warten Sie auf ein Wunder – vielleicht werden Ihre Wünsche wahr. Denken Sie an die Magie des Glaubens, und baden Sie in Ihrem kindlichen Gefühl der Vorfreude. Wenn die Gelegenheit an die Tür klopft, werden Ihre Hoffnungen und Gebete vielleicht erfüllt werden. Seien Sie großzügig. Seien Sie freundlich. Seien Sie dankbar!

Hüterin der Kristalle
Gaia

Sowohl die Sequenz der Erdkristalle wie auch die Karten des *Tarots für das innere Kind* enden mit der Karte GAIA, der sanften Hüterin des Planeten Erde. Sie sichert Überfluss für alle Zeit, ist ehrerbietig und weise. Ihr Schutz erstreckt sich auf die ganze Familie der Menschheit und auf alle Geschöpfe der Natur. Sie arbeitet beständig daran, das schwierige ökologische Gleichgewicht zu bewahren und die vergiftete Atmosphäre, das verunreinigte Wasser und die verseuchten Böden auf unserem Globus durch innere Harmonie wiederherzustellen. Sie ist voller Sorge, dass die Menschen die Regenwälder zerstören und wunderschöne Meerestiere, Eulen, Elefanten und andere Lebewesen aus selbstsüchtigen Gründen ausrotten.

Die Karte HÜTERIN DER KRISTALLE steht für ein Staatsoberhaupt, eine Lehrerin, eine Politikerin, eine Anwältin, eine Ärztin oder eine spirituelle Heilerin auf höchster Ebene - jemand, der eine universelle Vision und den Überblick über das Leben hat. Während das zwanzigste Jahrhundert seinem Ende entgegengeht, erwachen viele Wissenschaftler zu einer neuen Sicht des Lebens und erinnern an das, was sie "Gaia-Hypothese" genannt haben. Sie haben endlich akzeptiert, was Millionen bewusster Menschen bereits seit Jahrhunderten wissen: Die Erde ist ein pulsierender, lebender, atmender Organismus im Kosmos.

Auf dieser Karte hält Gaia die Erdkugel in ihren liebevollen Händen und strahlt Wärme und mütterliche Sorge aus. Sie opfert die Weisheit der Zeit und erinnert uns daran, dass es für jeden göttlichen Zweck die richtige Zeit und für jede irdische Transformation einen bedeutungsvollen Zyklus gibt. Sie ist die liebende Präsenz, mit der wir uns verbinden können, wenn wir Berge, Meere, Wasserfälle, Gärten, Wälder, Wiesen und Canons besuchen. Am stärksten ist sie spürbar, wenn die Sonne, in Opposition zur Erde, durch den Krebs zieht und die Erde durch den Steinbock wandert. Der Quarzkristall, den Gaia an einem Anhänger um ihren Hals trägt, deutet auf die Öffnung des Halschakras der Menschheit hin. Das heißt: Die Menschen erhalten die Fähigkeit, weltweit über Zeitungen, Radio, Fernsehen, Computer, Satelliten, Hellsichtigkeit und Telepathie (mental) miteinander zu kommunizieren. Gaia bringt die menschliche Familie wieder zusammen – durch eine Kombination aus erfinderischem Denken und der Bewegung "zurück zur Natur", die sogar in der Politik in Form der "Grünen" aufgetaucht ist.

Wenn die Karte GAIA in Ihrer Legung erscheint, seien Sie dankbar für die Gabe des Lebens. Hüten Sie Ihre tiefsten Freundschaften wie einen Schatz. Danken Sie den Eltern und Verwandten, die Sie aufgezogen haben, und den Älteren, die Sie mit großen Visionen der Hoffnung und des Triumphes über den Verstand inspirieren. Widmen Sie sich der Aufgabe, die Welt zu verschönern und zu bereichern. Beschäftigen Sie sich mit Recycling, Gartenarbeit und dem Pflanzen von Bäumen. Spenden Sie, oder widmen Sie freiwillig einen Teil Ihrer Zeit Aktivitäten, die der Umwelt dienen. Suchen Sie ein besonderes Heiligtum der Natur, und beschäftigen Sie sich mit den Lehren der Weisheit, die vom Herzen und der Seele der Erde ausgehen.

Anmerkungen

1. Die Autoren sind sich der scheinbar negativen Bilder bestimmter weiblicher und männlicher Rollen in Märchen bewusst. Ganze Bücher könnten zu diesem Thema geschrieben werden, aber es würde weit über dieses Projekt hinausgehen, die Komplexität dieses Themas zu analysieren. Wir hoffen, dass unsere Leserinnen und Leser den tieferen Symbolgehalt dieser Bilder dennoch für sich entdecken werden.

2. Zu diesem Zeitpunkt ist es wichtig anzumerken, dass sowohl das Tarot wie auch die Spielkarten magische Eigenschaften haben, das heißt: Beide sind Systeme höheren Wissens und höherer Führung, die es dem geübten Menschen ermöglichen, die Geheimnisse der ewigen Weisheit anzuzapfen. Wie ist dies möglich? Wie kann dies geschehen? Schriftsteller wie Mandy Palmer Hall *[The Secret Teachings of All Ages (Die geheimen Lehren aller Zeiten)]*, Stuart Kaplan *[The Encyclopedia of Tarot (Die Enzyklopädie des Tarots)]* und andere haben erklärt, dass ein reguläres Kartendeck die Zyklen des Jahres zu reflektieren scheint. Die 52 Karten entsprechen den 52 Wochen in einem Jahr, die vier Reihen – zwei rote (Herz und Karo) und zwei schwarze (Pik und Kreuz) – symbolisieren die vier Jahreszeiten und die 13 Karten in jeder Farbe schließlich stehen für die 13 Mondmonate eines Jahres. Wenn Sie außerdem die numerischen Werte einer jeden dieser 13 Karten hinzufügen, erreichen Sie die Zahl 91 für jede Reihe. Wenn Sie dann die 91 mit der 4 (Anzahl der Reihen) multiplizieren, erhalten Sie 364. Fügen Sie den Joker hinzu, dann haben Sie die 365 Tage eines Jahres. Offensichtlich haben also moderne Spielkarten eine tiefe und geheimnisvolle Verbindung mit den kosmischen Zyklen. Meistens werden moderne Spielkarten in

den Händen eines Magiers auf dem Jahrmarkt oder einer Zigeunerin, die wahrsagt, nicht "zu der Seele eines Menschen sprechen", der nach göttlicher Inspiration sucht. Aber wir sollten die Tatsache akzeptieren, dass auch moderne Spielkarten, wenn sie ordnungsgemäß verwendet werden, eine Quelle spiritueller Einsichten sein können.

3. Diese Verbindung zwischen den Ziffern 1, 3, 7 und 22 kommt in einer anderen, wahrhaftig geisterhellenden Weise zum Ausdruck. Die mathematische Kreiszahl Pi (π) – die universell konstante Beziehung zwischen dem Durchmesser und dem Umfang eines Kreises – wird als Dezimalzahl 3.14159 ... (die Zahlensequenz geht bis ins Unendliche) geschrieben. Die Alten drückten Pi früher als Bruch aus: 3 1/7. Dieser Bruch kann auch in 22/7 verwandelt werden. Die Zahlen, die Pi darstellen, scheinen also eine Art Geheimformel zu sein, die die Welt spiritueller Kraft und Einheit (1), Kreativität und göttlicher Dreiheit (3), weltlichen Ausdrucks (7) und menschlicher Fähigkeiten (22) bezeichnet. Die 22 Karten der Großen Arkana sind eine Art phantasievolles und psychisches Pi, das die kreisförmige und zyklische Magie des menschlichen Lebens, des Todes und der Reinkarnation enthüllt. Das zeigt sich in vielen Dingen:
    Wenn wir die Luft untersuchen, die wir auf diesem Planeten atmen, stellen wir eine außerordentliche numerologische Verbindung zum Tarot fest. Die Atmosphäre der Erde besteht zu 72 Prozent aus Stickstoff, zu 21 Prozent aus Sauerstoff und zu einem Prozent aus anderen Gasen wie Helium, Argon und so weiter. Auch hier werden wir wieder mit einem Mysterium der Natur konfrontiert: Der Prozentsatz von Stickstoff entspricht der Anzahl der Karten im Tarot; der Prozentsatz von Sauerstoff (für das Überleben des Menschen unerlässlich) entspricht den 21 Karten der Großen Arkana und der Prozentsatz der anderen Gase, das ungewöhnliche "Extra in der Luft", der Karte DER NARR (0).
    Je mehr wir uns mit dem System des Tarots beschäftigen, desto mehr wird uns bewusst, dass es eine universelle Präsenz in unserem Leben

einnimmt: in der Luft, die wir atmen, in unserer DNA, in unseren Genen und in den Ursprüngen unseres Alphabets.

4. Philip M. Chancellor: *Das große Handbuch der Bach-Blüten.* Moewig 1996.

Bibliographie

Bettelheim, Bruno: *Kinder brauchen Märchen.* DVA 1993.

Burnham, Sophy: *Engel, Erfahrungen und Reflexionen.* Walter 1992.

Butler, Bill: *Dictionary of the Tarot (Tarotlexikon).* Schocken Books 1987.

Campbell, Joseph, und Richard Roberts: *Tarot Revelations.* Vernal Equinox Press 1987.

Case, Paul Foster: *Schlüssel zur ewigen Weisheit des Tarot.* Urania 1992.

Chancellor, Philip M.: *Das große Handbuch der Bach-Blüten.* Moewig 1996.

Clow, Barbara Hand: *Chiron. Die Verbindung zwischen inneren und äußeren Planeten.* Hugendubel 1989.

Hall, Manly P.: *An Encyclopedic Outline of Masonic, Hermetic, Qabbalistic and Rosicrucian Symbolical Philosophy (Eine Enzyklopädie freimaurerischer, hermetischer, kabbalistischer und rosenkreuzerischer Symbol-Philosophie).* Phil. Research Society 1975.

Kaplan, Stuart R.: *The Encyclopedia of Tarot.* Games Systems 1978.

Lotterhand, Jason C.: *The Thursday Night Tarot (Das Donnerstagabend-Tarot).* New Castle Publishing 1989.

Meyer, Rudolf: *Die Weisheit der deutschen Volksmärchen.* Urachhaus 1981.

Nichols, Sallie: *Die Psychologie des Tarot. Tarot als Weg zur Selbsterkenntnis nach der Archetypenlehre C. G. Jungs.* Ansata 1996.

Noble, Vicki: *Mythen, Musen und Tarot. Motherpeace – Ein Weg zur Göttin.* Frauenoffensive 1987.

Saint-Exupéry, Antoine de: *Der kleine Prinz.* Rauch 1998.

Tolkien, J. R. R.: *Der Herr der Ringe.* Klett-Cotta 2000.

Walter, Barbara: *Die weise Alte. Kulturgeschichte, Symbolik, Archetypus.* Frauenoffensive 2001.

Danksagung

Wir möchten Barbara Hand Clow danken, Barbara Doern Drew, unserem Herausgeber Gail Vivino, unserer Designerin Marylin Hager Biethan und der gesamten Mannschaft von Bear & Company, die an die Magie dieses Projektes geglaubt und uns geholfen haben, es zu verwirklichen.

Ein herzlicher Dank und tiefe Anerkennung gehen an Hannah Jacobson Nealley. Hannah ist eine poetische und wunderbare Märchenerzählerin; viele Seiten dieses Buches sind geprägt von ihrem Verständnis und ihrer tiefen Liebe zu den Märchen.

Dank auch an unsere Töchter Gabrielle und Katya für ihr Engagement und ihren Rat bei der bildnerischen Gestaltung der Karten.

Unser herzlicher Dank geht an alle unsere Freundinnen und Freunde sowie unsere Lieben, die uns seit vielen Jahren geholfen haben:

Cherie und John Godon-Bynuom, Li Bette Porter, Stephen Eiring, Kaya Weinman, Tom Boerman, Nancy Vierra, Yvonne Vowels, Christeen Reeg, Steffi und Gary Escandon, Leah Tzivea Barron sowie David und Gladys Lerner.

Unser liebevolles Gedenken gilt Ishas Mutter Colleen Keating, deren Tod uns die Chance für eine intensive Reise in Schmerz, Liebe und Mitgefühl geboten hat.

Eine liebevolle Umarmung und ein herzliches Dankeschön gelten dem inneren Kind, das uns geleitet und unsere Herzen während dieser Arbeit geöffnet hat. Dieses Projekt beweist, dass Leid in Liebe umgewandelt werden kann. Liebe ist der größte Heiler auf Erden.

Und nicht zuletzt ein besonderes Dankeschön an unseren lieben Freund, dem Künstler Christopher Guilfoil, der die Karten illustriert hat - einige Menschen gehen weiter zurück, als es das menschliche Herz je ergründen kann. Für immer in Freundschaft ... wir danken dir!

Über die Autoren

Isha Lerner hat sich seit Anfang der siebziger Jahre mit Astrologie, Tarot und den heilenden Künsten beschäftigt und damit gearbeitet. Mehrere Jahre, die sie auf den hawaiischen Inseln zubrachte und später in Findhorn/Schottland, hat sie im Einklang mit den Naturgeistern und den elementaren Lebenskräften des Landes gelebt. Ihre tiefe Liebe zur Natur und zu den Märchen, kombiniert mit ihrer Erfahrung als Mutter  und als Berufsastrologin, haben sie dazu inspiriert, zusammen mit Mark Lerner das *Tarot für das innere Kind* zu schaffen.

Isha lebt in Eugene, Oregon, wo sie in ihrer Praxis als Lebensberaterin mit Astrologie, Tarot, Märchen und Blütentherapie arbeitet. Seit dem Sommer 2011 ist sie mit der Firma *Inner Sight/Isha Lerner Enterprises* selbstständig. Wer mit ihr Verbindung aufnehmen möchte, kann das unter der unten angegebenen Adresse tun. Sie gibt Workshops, Vorträge und Unterricht.

Mark Lerner verließ die *Michigan States University* 1971 mit einem Diplom der Naturwissenschaften. Er begann seine astrologische Arbeit, seine metaphysischen Studien und seine Untersuchungen des Tarots 1972 in New York. Dort besuchte er die Arkana-Schule, startete eine astrologische Praxis und arbeitete schließlich bei *Luces Trust*, dem Zentrum für die Bücher von Alice Bailey und ihre Lehren. Von 1976 bis 1979 war er Mitglied der *Findhorn Foundation* in Nordschottland.

Seit 1979 hat Mark Diavorträge über die Zyklen des Planeten gehalten, eine eigene tägliche Radiosendung in Madison/Wisconsin gehabt und eine Reihe Radio- und Fernsehinterviews gegeben. Von 1981 bis 2000 hat er das Astrologie-Magazin *Welcome to Planet Earth* herausgebracht.

Mark hat sich eingehend mit der Wechselbeziehung zwischen Tarot, Astrologie, Märchen, Psychologie und Heilung beschäftigt. 1988 begann er zusammen mit Isha Lerner und Christopher Guilfoil mit der Arbeit am *Tarot für das innere Kind*.

Wenn Sie sich mit Isha oder Mark in Verbindung setzen oder auf ihren Verteiler kommen möchten, besuchen Sie bitte die Webseite: www.ishalerner.com

Über den Künstler

Christopher Guilfoil wurde 1956 in München/Deutschland geboren. Er lebt mit seiner Frau Ellen in Eugene, Oregon, USA. Dort ist er als Künstler in vielen Bereichen tätig. Außerdem arbeitet er als Kunstlehrer und unterrichtet junge Menschen, Lehrer und Eltern unter anderem im Bay Area Center for Waldorf Teacher Training und Waldorf Teacher Education Eugene.

Weiterführende Informationen zu
Büchern, Autoren und den Aktivitäten
des Silberschnur Verlages erhalten Sie unter:
www.silberschnur.de

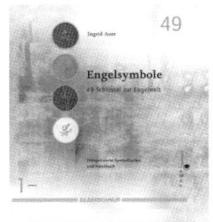

Ingrid Auer

Engelsymbole
49 Schlüssel zur Engelwelt

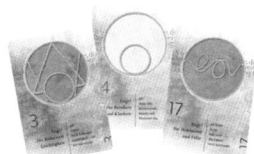

156 Seiten, gebunden, plus
49 vierfarbige Symbolkarten,
in Box
ISBN 978-3-89845-272-4
€ [D] 29,00

Einfühlsam und leicht verständlich ermöglichen die Engelkarten und das sehr ansprechend gestaltete Begleitbuch einen natürlichen, unbefangenen Zugang zur Engelwelt.

Alle, die Rat und Trost brauchen oder körperliche Beschwerden haben, können sich mit diesem Set die bezaubernde Engelwelt erschließen und deren Unterstützung nutzen. Die Engelsymbole verhelfen dazu, Blockaden im seelischen und körperlichen Bereich zu lösen und die Chakren sowie Wasser, Nahrungsmittel und vieles mehr zu energetisieren. Mit Hilfe der kraftvollen Symbolkarten lassen sich Fragen zu Themen wie Selbsterkenntnis, Lebensweg, Lernaufgabe, Vergangenheit – Gegenwart – Zukunft etc. beantworten. Sie dienen darüber hinaus als Tageskarten, als helfender Schutzkreis sowie zur Fernheilung und Meditation.

Ingrid Auer

Engelsymbole für Kinder
Liebevolle Begleitung im Alltag

21 runde Engelkarten
mit Buch, 202 Seiten,
brosch. in Box
ISBN 978-3-89845-065-2
€ [D] 25,90

Integrieren Sie die Engel in den Alltag Ihrer Familie!

Dieses Set aus 21 neuen Engelsymbolen, kindgerecht auf runde Karten gedruckt, und einem Buch hilft, die Sensitivität der Kinder zu fördern und unterstützt sie in ihrer Entwicklung. Es hilft aber auch Erwachsenen, ihr Herz den Engeln zu öffnen. Finden Sie als Erwachsener zurück zu dem natürlichen Zugang zur Engelwelt, den Kinder noch haben.

Mit diesem Set unterstützen Sie die spirituelle Weiterentwicklung Ihrer Kinder, denn Kinder lieben Engel – und Engel lieben Kinder.

»Engelsymbole für Kinder« ist gleich doppelt verwendbar: Als gemeinsames »Spiel« für Erwachsene und Kinder und als »spirituelles Aufklärungsbuch« für Erwachsene.

Sigrid Mahncke

Lichtengel

Zur Heilung von Körper und Seele

Die Lichtengel bringen Heilung für Körper und Seele und breiten ihre Flügel wie einen schützenden Mantel der Liebe über dir aus. Allein indem du dich in die Energien der visionären und sanften Engelbilder vertiefst, wirst du fast augenblicklich zur Ruhe kommen – und in der Lage sein, dich auf den wesentlichen Kern deines Lebens zu besinnen zu ...

49 Herzkarten in Box
ISBN 978-3-89845-208-3
€ [D] 13,90

Claudia Knüppel

Elfen öffnen Herzen

Farbenfroh ist der Zauberwald, in den uns die Künstlerin Claudia Knüppel einlädt, und es wimmelt hier von Naturgeistern, die uns geheimnisvoll, anmutig oder auch frech aus dem schillernden Reich der Fantasie zuwinken. Wunderbar dargestellte Geistwesen, die tiefempfundene Botschaften aussenden als Rat, als Trost oder als Hoffnung für all die, die den Glauben an und den Kontakt zu den lichten Welten des wenig Sichtbaren nicht verloren haben.

47 Herzkarten in Box
EAN 4260075280035
€ [D] 13,90

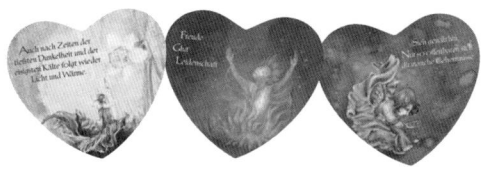

Ingeborg Bergner

Dein Lichtgewand

reinigen – stärken – schützen

Ein Geschenk der Lichtwesen an uns!

Die Auramode der Engelwelt lässt keine Wünsche offen – egal, ob Sie sich nun lieber in einen reinigenden Mantel, ein heilendes Kleid oder in eine harmonisierende Jacke hüllen möchten. »Dein Lichtgewand« vermittelt eindrucksvoll, wie jeder Suchende in der neuen Zeit des Aufstiegs seine Seele mit speziellen Energien stärken kann. Die 25 praktischen Energiekarten unterstützen dabei, sich seiner jetzigen Situation bewusst zu werden.

Eine inspirierende Kollektion, mit der Sie Ihrem Alltag gestärkt begegnen können – umgeben von wunderbaren Energien.

208 Seiten, broschiert,
2-farbig, mit 25 Energiekarten,
in Schuber
ISBN 978-3-89845-279-3
€ [D] 24,90

Nadja Berger

Runenkräfte

Das Praxis-Set der Runenmagie

Praktische Runenbücher sind fast eine Seltenheit geworden, umso erfreulicher ist dieses neue Runenhandbuch mit schönen Karten einer medial begabten Autorin und Künstlerin. Runen sind ein wunderbarer Weg hin zu einer Verbindung zwischen dem Geistigen und dem Irdischen, um so diese feinen Energien fühlbarer zu machen – dieses Runenset öffnet auf leichte, spielerische Weise den Zugang zu dieser Erfahrung.

144 Seiten broschiert,
24 vierfarbige Karten
ISBN 978-3-89845-177-2
€ [D] 18,90

384 Seiten, broschiert,
durchg. farbig
ISBN 978-3-89845-300-4
€ [D] 16,90

Wayne W. Dyer

365 Quellen der Inspiration

Lebe deine Inspiration!
Wayne W. Dyer, der weltweit bekannte Lebensberater hilft
Ihnen, Ihre Inspiration bewusst zu aktivieren, damit sie zu
einer kraftvollen Energie in Ihrem Leben werden kann. Die
Botschaft dieses Buches ist klar: Inspiration ist für alle da. Sie
ist nicht reserviert für Einzelne, sondern Ihr Geburtsrecht,
man muss sie erfahren und erfühlen.
Jede Seite dieses wahrhaft inspirierenden Buches bringt Sie
einen Schritt näher an ein Leben, in dem Tag für Tag mehr
Wunder wahr werden ...

176 Seiten, inkl. 16 Seiten
Farbteil, broschiert
ISBN 978-3-89845-297-7
€ [D] 12,90

Maria W. M. Schmitt

Spiegelbilder deiner Seele
Symbole und Farben medial deuten

*Ein Schlüssel, um unsere medialen Wahrnehmungssinne zu
schulen*
Die Seele, das geheimnisvolle, unsichtbare Wesen ... Doch
mit den verschiedenen Techniken des medialen Malens wird
das Spiegelbild der Seele in Form von Farben und Symbolen
sichtbar gemacht. Die Bilder stellen dabei Abbilder der Persönlichkeit dar.
Ein wunderschönes Handbuch mit und über Bilder, in denen
sich seelisch-geistige Aspekte und damit verbundene Entfal-
tungsmöglichkeiten spiegeln. Machen Sie sich im wahrsten
Sinne des Wortes ein Bild von Ihrer Seele ...